레페스 심포지엄 04

평화는 왜
오지 않는가

레페스 심포지엄 04

아시아종교평화학회 편

평화는 왜
오지 않는가

평화를 위한 종교적 투쟁

이찬수 손서정 데라바야시 오사무 차승주
양권석 기타지마 기신 오바타 분쇼 안신 지음

모시는사람들

레페스 심포지엄04

평화는 왜 오지 않는가

등록 1994.7.1 제1-1071
1쇄 발행 2024년 9월 15일

편저자 아시아종교평화학회
지은이 이찬수 손서정 데라바야시 오사무 차승주
      양권석 기타지마 기신 오바타 분쇼 안신
펴낸이 박길수
편집장 소경희
편집·디자인 조영준
관 리 위현정
펴낸곳 도서출판 모시는사람들
      03147 서울시 종로구 삼일대로 457(경운동 수운회관) 1306호
전 화 02-735-7173 / 팩스 02-730-7173
홈페이지 http://www.mosinsaram.com/

인 쇄 피오디북(031-955-8100)
배 본 문화유통북스(031-937-6100)

값은 뒤표지에 있습니다.
ISBN 979-11-6629-204-0   94210
세 트 979-11-88765-02-7   94210

평화는 왜 오지 않는가
—평화를 위한 종교적 투쟁

아시아종교평화학회 창립 배경

최근 동아시아 지역에서는 군사적·정치적 대립이 심화되고 있습니다. 일본의 경우 2022년 12월 각의에서 결정된 '안전보장 3문서'에서는 일본이 공격 받지 않더라도 적 기지 공격 능력을 사용하여 미국과 함께 상대국을 공격하는 것이 가능하다고 명기하고 있습니다. 이 내용을 실현하는 데 필요한 방위비는 5년간 43조엔입니다. 일본이 세계 제3위의 군사 대국이 될 액수입니다. 이런 방향은 전적으로 일본국헌법 제9조를 위반합니다. 그뿐 아닙니다. 전쟁에 대해 전쟁으로 화답하는 방식으로는 쌍방에게 끊임없는 '미움·증오'의 연쇄를 만들어 낼 뿐입니다.

또 21세기 들어서는 일본이나 한국에서도 '불평등의 양극화'가 만들어 내는 '격차 사회', '현대화된 빈곤'이 심화되었습니다. 일본의 경우에는 사람들이 이러한 사회에 대해 분노하면서도 그 분노가 국가권력과 언론의 조정을 받는 바람에 '민족주의적 배외주의'로 전도되었습니다. 그 결과 동아시아의 군사적, 정치적 대립을 높이는 역할에 이용되고 있습니다. 또 우크라이나–러시아 전쟁 및 이스라엘–가자 분쟁 등으로 수많은 사람들이 고귀한 생명을 빼앗기고 있습니다.

이러한 시대야말로 사람들이 '국경'을 넘어 대화를 지속함으로써, 아래로부터, 그리고 안에서부터 평화 구축을 위한 이론을 만들어낼 필요가 있다고 생각합니다. 이 경우, 상호관계성·외부성으로서의 타자와 약자를 우선적 기축으로 하는 종교는 현실적으로 매우 중요한 역할을 할 수 있습니다. 왜냐하면 '전쟁', '격차 사회'의 근원에는 이항 대립적인 '자기중심주의'가 존재하고 있으며, 종교는 그 '자기중심주의'의 어리석음에 눈뜨게 하고, '자기중심주의'를 평화 구축에 대한 희망과 의욕으로 전환시킬 수 있기 때문입니다. 우리는 1994년 '아파르트헤이트 체제'를 비폭력으로 폐기시킨 남아공에서 그 구체적인 예를 볼 수 있습니다. 그것은 상호관계성을 기축으로 하는 토착적 '우분투' 사상과 그에 매개된 기독교의 비폭력 운동에 의해서 가능했던 일입니다.

그런 맥락을 고려하며 우리는 종교에 내재하는 가치, 즉 세속

국가의 절대화를 부정하고 국가를 상대화하는 시각, 국가의 틀을 초월한 다양한 사람들 간의 대화 및 그에 따른 인간적 상호 이해의 심화와 연대, 용서와 화해, 타자 우선 및 공생 등을 아시아 지역에서 함께 검토함으로써, 비폭력에 의한 평화 구축의 실현에 공헌할 수 있다고 믿었습니다. 이를 위해 수년간에 걸쳐서 서로 학술 교류를 깊게 해 왔습니다. 이 성과를 기초로 하여 2020년 1월에「평화 구축과 종교」를 공동의 테마로 '아시아종교평화학회'의 설립을 위한 준비 대회를 개최했습니다. 한일 각국의 연구자와 시민 20명이 참가한 이 준비 대회에서는 연구발표와 토론을 통해 종교가 평화 구축에 가장 중요한 역할을 수행한다는 사실에 합의했고, 의문의 여지 없이 궁극적인 목적이라 할 수 있을 평화는 전쟁과 폭력의 상황을 '감폭력적인' 상대적 평화로 전환시키는 일련의 과정이라는 이해를 갖게 되었습니다. 그에 따라 평화 구축에 대한 이해도 깊어졌습니다. 이러한 성과를 기초로 2023년 11월에 일본, 한국, 아프리카의 연구자와 시민 30여 명이 모여,「종교의 무엇이 평화를 만드는가」를 주제로 하는 창립 학술대회를 일본 욧카이치시(四日市市)에 있는, 정토진종(淨土眞宗) 타카다파(高田派) 소속 쇼센지(正泉寺)에서 개최했습니다. 그렇게 '아시아종교평화학회'가 창립되었습니다.

일본지부에서는 학회 창립 이후 2024년 3월 14일에 주오대학(中央大学) 종합정책학부의 사쿠라이 히데코(櫻井秀子) 교수를 학술대회에 초대해, 이스라엘의 가자 공격에 대한 강연을 들었고, 깊은 토론을 했습니다. 이 강연 내용은 한국지부가 2024년 4월 26일 개최한 공동학술회의의 주제인 '적(敵)의 계보학'과도 연결되는 것입니다. 일본과 한국에서 각각 개최한 회의에 학회원 이외에 일반 시민도 참가하는 등 우리의 활동이 조금씩 확대되어가는 모습도 볼 수 있었습니다.

한일 양국의 단행본 발간

한일 종교인 및 종교연구자의 학술대회 성과를 단행본으로 발간하는 시도는 2022년 『종교로 평화 만들기』(모시는사람들)에서 시작됩니다. 여기에는 아시아종교평화학회 준비 대회 때 발표하고 토론했던 한일 종교인 및 연구자의 논문과 관련 글들이 한국어로 게재되어 있습니다. 이번에 발간된 책은 아시아종교평화학회 창립학술대회(2023)에서의 발표와 토론을 거쳐 집필된 것이지만, 일본어판과 한국어판이 한일 두 나라에서 동시에 출간된 것은 처음입니다. 일본어판으로 출판된 것이 『종교에서의 평화 구축의 원동력: 아시아에서의 사회정치적 배경을 중심으로』입니다. 한국어판은 『평화는 왜 오지 않는가: 평화를 위한 종교적 투쟁』으로 출판되었습니다. 한일 양국에서 각각 출판되는 책의 제목은 조금 다릅니다. 이는 양국 사람들이 처한 사회적 문화적 상황이 반드시 같지는 않다는 것을 반영한 것입니다. 내용에는 차이가 없습니다.

본서는 평화의 이론을 다루는 제1부와 평화 구축의 현장을 다루는 제2부로 구성되어 있습니다. 제1부 첫 장에서 이찬수는 자기중심주의의 근원에는 폭력이 존재하며, 그 극복을 위해서는 종교에 내재된 사랑, 자비, 헌신, 경외, 기쁨 등의 가치를 바탕으로 개체와 전체성의 통일적 파악, 약자 우선, 자기 성찰이 필요하며, '자타상호융통'의 과정적 활동이야말로 '폭력을 줄이는 행위'이고, 그 행위가 곧 종교라고 주장하고 있습니다. 손서정은 '생명·정의·사랑'의 상호 조화적 관계가 평화를 위해 중요하다고 설득력있게 말하면서, 평화의 지속을 위해서는 '고민하고 갈등하는 중에도 서로를 존중하고 조정하며 최선을 다하는 정의의 실현'이 필요하며, 그래야만 평화를 달성할 수 있다고 주장하고 있습니다. 데라바야시 오사무는 오늘날의 종교사회학 이론을 총괄하면서, 종교 자체를 '절대화'하지 않고, 종교를 사회·정치 속에서 객관적으로 파악하면서, '제도나 조직의 종교가 아니라 개개인의 신앙심에 의한 종교, 즉, 종교의 본래 모습을 되찾는 것이야말로, 세계에 대한 종교적 공헌'이라고 주장합니다. 그러면서 '위기의식'을 종교적 가능성으로서의 '희망'으로 포착해 내고 있습니다. 차승주는 평화교육의 목표는 '정의와 사랑'이고, 그 핵심 내용은 '용서와 화해'이며, 그 방법으로 '대화와 연대'를 강조하고 있습니다. 이것은 모든 종교를 관통하는 관점이라고 할 수 있습니다.

양권석의 글은 제1부와 제2부를 연결하는 역할을 하고 있습니다. 이 글에서는 파시즘 정치와 종교의 관계를 구조적 차원에서 밝히고 있습니다. '자본과 종교의 파시즘적 결합은 정동적(情動的) 성향의 공진(共振)'이라면서, 한쪽에는 무력을 이용해서라도 경제적 탐욕과 특권을 유지하려는 자본의 욕망이 있고, 다른 한쪽에는 도덕적 근본주의와 불신자에 대한 심판이라는 종교적 욕망이 자리하고 있다고 주장하고 있습니다. 이러한 구조를 평화로 전환하기 위해서는 '지금까지 분노와 적의의 연대를 만드는 데 기여한 신조와 전통과 관습, 그리고 신학과 영성을 더 철저하게 반성하는 것이 반드시 필요하다'는 것, 또 '정의와 평화의 새로운 질서'를 탄생시키기 위해서는 '함께 산고를 맛보는 것'이야말로 '진정한 삶의 길이며 진정한 평화를 회복하는 길'이라고 말하고 있습니다.

이어지는 세 편의 글은 모두 구체적인 현장에서의 평화 구축의 노력에 대해 말하고 있습니다. 오바타 분쇼의 글 「종교적 입장에서 평화 구축을 생각하다」는 국가가 조작한 '대역(大逆) 사건'으로 탄압을 받은 정토진종 오타니파 승려인 다카키 겐묘(高木顯明)를 통해 현재로 이어지고 있는 평화 구축의 과제를 설득력 있게 밝히고 있습니다. 졸고인 「미나마타병 운동의 평화 공생 사상과 그 실천」은 '본원회'(本願会)가 했던 미나마타병과 관련 활동을 통해서, 종교의 핵심 사상이 '적대자'와의 연대를 가능하게 했던 사례를 밝힌 것입니다. 안신의 '제주 4·3사건과 평화'는 제주도민이 경험한 비인간적 체험을 '약자를 향한 사회적 책임을 지닌 종교의 활동 가능성'과 연계해 평화 실현으로 전환해야 한다고 말하면서, "이웃 종교를 '타자'나 '이단'으로 몰아가기보다 이해와 대화를 통한 공존과 상생의 사회를 만들려는" 노력이 필요하다고 강조하고 있습니다. 전체적으로 이 책에 실린 글들은 '종교의 무엇이 평화를 만드는가'라는 과제에 다각도로 부응하는 글들이라고 할 수 있습니다.

향후 전망

일본은 19세기 중반 '메이지유신'(1868) 이후, 식민주의와 불가분의 관계인 '구미형' 근대화의 길을 걸으면서, 한국을 비롯한 아시아 지역을 침략해 왔습니다. 일본의 종교는 근대 천황제 지배에 굴복하여 아시아 침략에 적극 가담해 왔습니다. 한편 한반도에서는 동학농민전쟁(혁명) 이후 종교가 민중의 비폭력 저항 운동의 이데올로기 역할을 하면서, '3.1독립운동'(1919)을 거쳐 그 운동의 전통이 오늘날 민주화운동으로 이어지고 있습니다. 일본 종교에서 다수를 차지하고 있는 것은 불교이지만, 불교에는 민중의 편에 서서 사회정치적 과제를 마주한다는 관점이 약하다고 할 수 있습니다. 물론 전쟁 이전에는 비전(非戰)의 입장을 관철한 뛰어난 종교인도 있었지만, 교단 차원에서는 그렇지 않았습니다. 종교 교단이 전쟁에 가담했던 죄를 고백하고 참회한 일은, 빠르게는 1967년에 일본기독교단이 「제2차 세계 대전 하에서의 일본기독교단의 책임에 대해」 표명했습니다. 1969년에는 야스쿠니 신사 국가수호 법안(1967)에 대해 불교, 기독교, 신종교가 종교와 종파의 차이를 넘어 처음으로 하나가 되었고, 야당 세력, 노동조합, 시민 운동과 연대하여 1975년에 이 법안을 폐안으로 몰고 갔습니다. 또 일본기독교단보다는 늦었지만, 불교 교단 중에서 정토진종(淨土眞宗) 오타니파(大谷派)의 종무총장이 전쟁 가담에 대한 죄의 고백과 참회의 일환으로 「전체 전몰자 추모 법회(全戰歿者追弔法会)에 있어서」(1987)라는 전쟁 책임을 고백한 바 있고, 정토진종 혼간지파(本願寺派) 종회(宗会)에서는 「우리 종문의 평화에의 강한 염원을 전국과 전 세계에 철저화하기 위한 결의」(1991)를 했습니다. 1992년에는 아시아 침략에 가담했음을 명확히 한 조동종(曹洞宗)의 '참사문'(懺謝文)이 나왔습니다.

우리는 종교에 의한, 비폭력적이고 공생적인 평화를 목표로 하는 한국에서의 역사적인 대응을 상호 대화를 통해 깊이 배울 필요가 있습니다. 그런 일들을 모으면 일본에서도 종교를 통한 평화 실현 운동을 활성화하는 데 공헌할 수 있다고 생각합니다. 여행, 음악, 영화, 맛집 등을 통한 상호 이해는 한일 시민들에게 널리 퍼져 있습니다. 더 필요한 것은 사상 수준의 상호 이해라고 생각합니다. 앞으로는 한일 시민 차원의 상호 이해에 그치지 않고, 중국 및 동남아시아 지역과의 상호 이해를 심화시켜 나가는 것이 아시아 평화공동체의 구축을 위해서도 필요하다고 생각합니다. '아시아종교평화학회'는 한일뿐만 아니라, 아시아평화공동체의 구축을 위한 이론을 제시하는 데도 공헌해야 하겠습니다.

2024년 8월

기타지마 기신(아시아종교평화학회장)

번역 / 이찬수

차례

1부 평화의 이론

1부 평화의 이론

01. 평화가 종교다

—종교가 평화적 힘의 출처이기 위한 논리

이 찬 수

1. 들어가는 말

'평화가 종교다'라는 제목은 이 글의 결론이기도 하다. 이 글에서는 '종교가 평화를 실천해야 한다.'는 일반론에서 더 나아가 '평화가 종교'인 이유를 알아보고자 한다.

이를 위해 첫째, 언어의 제한성으로 인한 소통상의 긴장과 종교 개념에 대한 오해의 양상을 살펴보고, 종교 현상에 대한 종합적 이해를 통해 오해의 폭을 줄이고 평화적 구체화의 가능성을 탐색할 것이다. 둘째, 종교는 한편에서는 자본 지향적 사회에 종속적이지만 다른 한편에서는 사회를 평화적으로 재형성시키는 심층적 능력의 전승 주체이기도 하다는 사실을 재확인할 것이다. 셋째, 이상의 내용에 기초해 평화의 형성 과정이 종교라는, 즉 '평화가 종교'라는 사실을 결론으로 제시해 볼 것이다.

2. 언어에는 긴장이 있다

언어 자체와 그 언어가 지시하는 세계는 동일하지 않다. 특히 추상적 개념어일수록 발화자와 청취자 사이에는 긴장의 폭이 커진다. 발화자와 청취자 모두 자신이 처한 맥락과 상황에 따라 말하고 들으며, 누군가의 발화 행위가 모든 이에게 객관적이고 동일한 수준과 의미로 다가오지 않는다. 게다가 어떤 언어를 사용할 때 개념의 일부는 전달되지만, 개념의 경계 너머에 있는 다른 세계는 가려진다.

가령 일반 기독교인에게 '예수 그리스도'는 '그리스도'라는 말로 인해 한편에서는 현실 너머의 초형상적 구원자 이미지를 연상시키지만, 다른 한편에서 그 연상은 역사적 인물인 '예수'의 일상적 삶을 가린다. 사막의 모래바람 속을 걷고, 밥을 얻어먹다시피하고, 때로는 혼자 '뒷일'을 보던 일상의 예수는 구원자라는 개념 뒤편으로 밀려난다. 이상적 언어는 상처받고 힘들어하던 현실의 그늘을 외면한다. '구원자'의 개념은 그런 식으로 복잡한 일상을 가리면서 전달된다.

언어의 개념적 제한성을 넘어서기 위해 과장법을 쓰면서 문제가 발생하기도 한다. 자신이 한 경험의 의미를 타인에게 적극적으로 전달하기 위해 실제로 경험했던 것 이상의 표현을 쓸 때, 있는 그대로의 진실이 가려지기도 한다. 특히 비일상적 경험 내지는 일상의 근원에 관련된 세계에 대해 말할 때는 과장법이 심해지는 경향이 있다. 때로는 청취자도 그 과장성을 인식하지만, 청취자가 발화자의 자리에 서면 그이도 과장된 표현으로 이어가곤 한다. 이런 과정이 계속되고 중첩되면서 이전과는 다른 개념과 관점이 형성된다. 그 개념과 관점이 기존의 대상을 재형성 혹은 재구성한다.

종교적 개조(開祖)에 대한 해설들이 언어적 과장의 전형적인 사례들이다. 가령 "예수는 하느님의 아들"이라는 말은 그 신학적이고 역사적인 의미와 상관없이, 예수가 전능자인 듯한 뉘앙스로 이어지며, 점점 더 신비화 혹은 신화화한다. 그러면서 역사적 예수와는 다른 차원의 존재로 형성되어 간다. 붓다의 존재 이유와 의미를 긍정적으로 설명하는 과정에 역사적 존재로서의 싯다르타가 수억 겁 전부터 이미 깨달아 있던 영원한 존재의 현현으로 신비로워진다. 그 과정에 인간 싯다르타의 소소한 일상은 상당 부분 윤색된다. 무함마드를 따르는 자신의 존재 이유와 의미를 정당화하기 위해 무함마드가 살아서 승천했다는 주장을 역사적 사실처럼 내세우곤 한다.

이것은 개조의 메시지나 존재의 의미를 적극적으로 전달하기 위한 것이지만, 그 정도가 지나쳐 배타적 자세로 흐르는 경우도 부지기수이다. 기존의 대상을 재형성시키는 과정에 인간의 욕망이 개입되면서, 자기중심적 태도를 정당화하고 타자를 열등시하는 경우도 생긴다. 배타성이 당연한 것처럼 둔갑하고 그런 시도들이 겹치면서 상대에 대한 폭력이 폭력인 줄 모른 채 구조화한다.

가령 한반도가 외세에 의해 분단된 이후 남과 북에 서로 다른 정권이 들어서고 급기야 전쟁까지 벌어지자, 남북한의 교회들이 서로를 적대시하며 자기들의 승리를 기원했다. 1950년 12월 남한의 대한예수교장로회에서는 각 교파연합 신도대회를 열어 6.25 전쟁은 '세계 민주주의 자유국가들'이 '공산독재 국가들'과 벌이는 '성전'이라면서 북진통일을 요구했고,[1] 북한교회는 미제국주의자들을 예수를 배신한 유다에 비유하고 남한을 악마시하면서 북한의 승리를 위해 무기대금 헌납 운동을 벌이기도 했다.[2] 몇 해 전까지만 해도 같은 신앙을 고백하던 같은 민족 같은 교회들이 상대를 저주하고 자국의 승리를 기원하며 전쟁을 정당화하게 된 것이다. 그 뒤 양적으로 성장한 남한의 교회는 가톨릭을 포함하여 거의 대부분 '반공주의'를 신앙과 사실상 동일시하는 지경에 이르렀다.[3]

1   김양선, 『한국기독교 해방 10년사』, 서울: 대한예수교장로회총회 종교교육부, 1956, 89쪽.
2   김흥수, 『한국전쟁과 기복 신앙 확산 연구』, 서울: 한국기독교역사연구소, 1999, 59쪽.
3   이찬수, 「너희의 평화는 없다: 한국 그리스도교의 반공주의는 베트남전을 어떻게 정당화했나」, 『전쟁 넘어 평화: 탈냉전의 신학적 인문학』, 서울: 인터하우스, 2023, 100-112쪽.

사태가 이렇게 되는 근본적인 이유는 대부분 현실의 자기이익에 기반해 자기중심적으로 생각하고 행동하기 때문이다. 자기중심성을 정당화하고 자기중심주의들이 중첩되면서 집단, 사회, 세계가 타자에 대해 공격적이고 폭력적인 구조를 하게 되는 것이다. '종교'라는 말을 쓸 때도 이런 이유와 원리를 염두에 두고서 폭력적으로 흐르지 않도록 경계해야 한다.

3. 안과 밖을 두루 보아야 한다

흔히 '종교' 하면 사찰이나 교회당 같은 건물, 신부나 스님 같은 신분의 사람들, 십자가나 불상과 같은 상징적 형상물, 경전이나 교리 같은 언어 체계들, 기도하고 찬송하는 의례, 좌선과 같은 수행, 선교 행위 등과 같이 외적이고 가시적인 어떤 모습을 연상한다.

그러나 종교에서 더 중요한 것은 이 외적이고 가시적 세계를 낳은 비가시적인 근원이다. 종교 전체를 이해하려면 외적인 현상을 낳은 그 출처를 보아야 한다. 그 출처나 근원을 '신앙'(faith)이라고 한다. 신앙은 인간이 처한 현실의 근원 혹은 그 너머를 돌아보고서 현실을 교정시켜 주는 내적 능력이다. 일상생활에서는 교리적 신념체계(beliefs)와 비슷하게 사용되지만, 신앙은 언어적 혹은 이념적 신념체계와 다르다. 신앙은 언어적 신념체계가 아니라 그 근원이며, 현재의 자신을 넘어 더 심층의 세계와 연결될 수 있도록 하는 자기 초월의 능력이다.

이때 초월의 '능력' 자체와 그 능력을 기반으로 한 초월 '경험'은 구분해야 한다. 언어적 표현과 그 언어가 지시하는 세계가 구분되듯이, 외적 표현과 그 표현의 출처는 구분된다. 구분된다는 사실을 의식하지 못한 채, 언어적 교리 체계 등 가시적으로 드러나는 외적 전통 자체를 절대시하고 내적 진리의 세계와 동일시하거나, 양적 규모로 우열을 판단하는 데서 각종 문제가 생겨난다.

실제로 현실에서는 조직이나 제도, 언어화된 교리적 표현 자체를 종교의 핵심 또는 진리 자체로 간주하는 경향이 있다. 의례 자체가 종교의 정수인 것으로 오해하면서 다른 의례의 가치를 평가절하하기도 한다. 자신과의 차이를 수용하지 못한 채 자기중심의 생존과 확장을 도모하다가 타자와의 차이를 무시하거나 억압하며 갈등을 일으키기도 한다.

여기서 타자를 있는 그대로 수용할 공간은 축소된다. 본래는 사랑 · 경외 · 헌신 등 자신 · 이웃 · 우주에 대한 인간의 근원적 자세를 의미하는 라틴어 religio가 '언어적 신념체계' 정도로 협소하게 사용되고, 사랑과 자비로 드러나야 할 신앙이 자기 집단을 유지하는 동력으로 이해되면서 벌어지는 일들이다. 이것은 세계가 자본과 같은 외적 사물을 기준으로 재편되어 온 데 종교도 종속된 탓이다. 종교가 사물의 연장, 즉 사물을 확장시키듯 자신의 신념이나 종교도 확장시켜야 할 대상처럼 '사물화'(reification)되어 온 것이다. 이상의 것들이 종교가 평화이기는커녕, 도리어 폭력에 기여하게 되는 근본적인 이유이다.

4. 자기중심성들이 중첩되며 폭력을 만든다

종교를 폭력적으로 만드는 가장 근본적인 동력은 자기의 양적 확장과 자기 정체성의 강화를 위한 욕망이다. 이러한 욕망은 자유로운 경쟁적 행위라는 미명 하에 더 많은 성과를 쌓도록 요구하는 신자유주의 체제일수록 더 노골화한다. 이런 자기 확대를 위한 온갖 욕망들이 얽히고설켜 집단과 사회를 움직이는 동력으로 작동한다. 신자유주의가 성과의 축적을 찬양하는 경제 시스템이라는 점에서, 성과를 산출하기 위한 욕망은 물건이든 돈이든, 명예나 힘이든, 일종의 '자본'을 확장시키는 근본 동력이 된다. 자신의 안전한 생존과 자본의 확장을 위한 자유가 경쟁적으로 작동하면서 인간은 자신도 모르는 사이에 그 경쟁을 정당화하는 사회에 종속되고, 인간에 대한 사회의 종속력은 더 강화되며, 인간은 폭력인 줄도 모른 채 폭력에 시달리는, 이른바 '긍정성의 폭력'(The Violence of Positivity) 혹은 '탈폭력적 폭력'(The De-violent

Violence)은 더 구조화된다.[4]

그 기초에는 물질적 확장으로 자기의 생존을 보장받고 자신이 더 안전해지려는 욕망이 놓여 있다. 대부분의 사람들과 연루되어 있는 이런 욕망들이 중층적으로 교차하면서 사회는 그 어떤 권력도 통제하기 불가능할 정도의 자본 중심적 자기 생명력을 갖게 된다. 사회는 구성원들의 욕망이 얽히고설켜 자기 확장 중이고, 그 사회가 다시 개인의 욕망을 추동해 최후의 힘마저 내놓으라고 닦달한다.

현실에서는 욕망들의 경쟁도 법과 관행의 이름으로 긍정된다. 학교에서는 강자의 논리를 가르치고, 종교도 경쟁에서의 승리,

4　'긍정성의 폭력'은 어떤 일을 긍정적으로 해가는 과정에 비의도적으로 발생하는 폭력 전반을 일컫는 말이다. 특히 자유롭게 경쟁하며 성과를 쌓아가도록 추동하는 신자유주의의 흐름 속에서 저마다의 긍정적 활동들이 중첩되고 과잉되며 형성된 새로운 폭력의 양상을 일컫는다. 사회의 요구를 긍정적으로 자기화하는 과정에 겪는 온갖 난관을 감내하면서 개인의 정신승리를 도모하려 하기에, 폭력의 피해자는 있지만 가해자는 실종된 그런 폭력이다. '탈폭력적 폭력'이라고도 표현할 수 있다. 긍정성의 폭력의 다른 이름이라고 할 수 있을 '탈폭력적 폭력'은 폭력이 내면화되어 가해자가 실종되어버린 상태, 가해자와 피해자가 동일하기에 폭력을 당하면서도 폭력의 책임을 물을 수 없는 상태이다. 폭력의 피해자는 있는데 그 피해를 스스로 감내함으로써 폭력의 원인이 모호해진 상태가 탈폭력적 폭력이다. 이찬수, 「긍정성의 폭력」, 『폭력 개념 연구』, 서울: 모시는사람들, 2024; 이찬수, 「탈폭력적 폭력: 신자유주의 시대 폭력의 유형」, 이문영 편, 『폭력이란 무엇인가, 기원과 구조』, 파주: 아카넷, 2015, 105-130쪽 참조.

성과의 축적을 신의 이름으로 찬양한다. 자식의 대학 합격을 위해 영험하다는 산에서 기도를 하고, 교인이 명문대에 합격했다면서 예배 때 축하해주며, 종교 지도자들이 대통령과 함께하는 조찬기도회를 영광스러워한다. 자신을 돋보이기 위한 이런 욕망들이 겹칠수록 자본 중심의 사회는 자기 생명력을 강화해 가고, 인간은 이런 역할을 자발적으로 감당해 왔으면서도 동시에 거기서 상처도 받는다. 개인적으로는 아무리 신실한 듯한 종교인도 이런 사회의 문제는 해결하지 못한다. 사회는 개인의 도덕적 처신만으로는 감당하기 힘든 비도덕적 자기중심주의로 똘똘 뭉친다.

국가 단위에서도 마찬가지이다. 평화도 자기중심적으로 상상하고, 자신에게 유리한 평화를 기대하며, 그에 따라 움직인다. 한국의 평화와 북한의 평화는 물론 중국의 평화와 미국의 평화가 늘 부딪친다. 일본과 한국의 평화도 상충된다. 모두 힘에 의한 자기방어와 영향력의 확대를 평화라고 생각한다는 점에서는 공통적이다. 저마다 국가안보를 내세우면서 다른 국가안보와 대립하고, 안보라는 이름의 불안, '안보딜레마'가 이어진다. 나를 위한 투자가 나를 옥죄는 모순적 현상이 이어지고 있는 것이다.

5. 강자와 약자의 자기중심성 간에는 차이가 있다

물론 자기중심성도 강자가 주도적으로 구조화한 자기중심성과 약자의 저항적 자기중심성은 구분된다. 자기중심주의도 가해자의 자기중심주의와 피해자의 자기중심주의는 다르다. 평화학적 평화는 약자의 고통을 먼저 생각하고 피해자의 아픔을 치유하는 데서 이루어진다. 가해자에 대한 책임을 물어야 하고, 피해자에게 손을 먼저 내밀어 아픔을 치유해야 한다.

그럼에도 불구하고 현실에서 강자가 손을 먼저 내미는 경우는 드물다. 강자도 강자 나름대로 그것을 자기 손해라고 여긴다. 가해자가 책임을 져야 한다는 것은 일견 분명하지만, 현실에서는 가해와 피해의 경계를 명확하게 구분하거나 단정하기 어려운 경우가 더 많다. 설령 폭력의 행사자로 지목된다고 하더라도 그 역시 그렇게 했어야 할 이유와 명분이 분명하다고 주장한다. 테러리스트조차도 이른바 테러의 경로를 따라가다 보면, 더 큰 힘에게 겪었던 아픔이 표출되기도 한다. 극단적 근본주의 이슬람인 IS의 비정상적 폭력성에 대해 세계가 비난하기도 하지만, IS의 형성 배경을 거슬러 올라가면 영국, 프랑스의 지배의 역사와 만나고, 미국의 세계 지배 전략과 얽힌다. 아프가니스탄에서 미국이 물러나고 탈레반이 재집권하면서 민주주의와 인권을 다시 억압하는 현상에 대해 세계가 비판하지만, 탈레반도 소련과 미국의 침공

사이에서 나름대로 자신의 정체성을 지키겠다며 스스로를 극단화한 이슬람의 일종이다.

팔레스타인 가자지구의 하마스가 이스라엘을 포격하게 된 배경에도 자신의 존재를 인정하지 않는 이스라엘 중심의 국제사회에 대한 저항의식이 놓여 있다. 그것을 기화로 이스라엘은 가자지구를 멸절시키려 시도하고 그곳을 차지하려는 공격적 정책을 노골화하며, 그것이 정당한 행위라며 항변한다. 강자도 자신에 대한 변명거리를 가지고 있게 마련이다. 어떤 사건의 원인을 서로 다른 데서 찾는 경향이 있는 것이다.

북한이 핵무기 실험을 반복한다며 여러 나라에서 비난하지만, 북한이 그렇게 하게 된 데에는 '동아시아 대분단 체제'에서 형성된 국제사회의 대(對)북한 압박 정책이 놓여 있다.[5] 6.25전쟁도 좁게는 북한의 남침으로 이루어졌지만, 넓게는 중국과 소련의 동의와 묵인 하에 벌어졌고, 거슬러 올라가면 일본에 의한 식민지배 체제와 이로 말미암은 한반도 분단도 만난다. 어떤 사건의 심층 속으로 들어가 보면 세계의 모든 사건들과 연결된다고 해도 과언이 아니다. 어떤 갈등이나 충돌의 원인들 속에는 자기 정당화를 위한 저마다의 자기주장들이 겹쳐 있는 것이다. 세계적으로

---

5   이삼성, 『한반도의 전쟁과 평화』, 파주: 한길사, 2018.

구조화한 불평등을 해소하려는 노력을 하지 않은 채 약자의 무력적 저항만을 비난하면 폭력은 지속되고 평화는 요원해진다.

6. 자신을 끝없이 되물어야 한다

근원적 연결성을 볼 수 있어야 한다. 물론 누군가 물리적 폭력으로 타자에게 해를 끼친 데 대한 당장의 책임은 따져 물어야 한다. 하지만 거대한 불평등 상황에서 '작은' 가해자에게만 책임을 묻는 것은 미봉책이며, 현재의 폭력적 구조에 대다수가 기여해왔다는 근원적인 사실도 간과해서는 안 된다. 이것이 적극적으로 평화를 구축하기 위한 가장 근본적인 자세이다. 종교의 기본적인 자세인 것은 물론이다. 사랑이나 자비와 같은 보편적인 언어마저 자기중심적으로 해석하면서, 종교를 양적 크기로 재단하는 일은 도리어 가장 반종교적인 행태라는 사실에 눈떠야 한다.

종교는 양적으로 평가되지 않는다. 종교의 외적 양상이 종종 평가와 비교의 대상이 되기는 하지만, 그 외적 표현들은 종교의 전체가 아니라 일부이다. 게다가 이러한 외적 영역은 역사·문화적 상대성의 차원에서 나타나기 때문에, 거기에는 명백한 우열이라는 것이 있을 수 없다. 어른이나 아이나, 여성이나 남성이나 모두 인간인 것과 같은 이치이다. 인간 자체에 차별을 둘 수 없을 뿐만 아니라, 설령 누군가 그런 차별을 정당화하려 해도 그 정당화의 기준 역시 상대적인 것일 뿐이다. 어른과 아이, 남성과 여성의 신체적 차이보다 그 속에 담긴 인간으로서의 동질성이 중요하다. 이것이 인간을 제대로 보는 기준이자 전제이다. 인간이든 종교든 외적 차이에 고착되는 순간 우열과 갈등으로 이어지는 것이다.

조직과 제도를 포함하여 종교 언어는 고착되면 안 된다. 끝없이 되물어져야 한다. 끝없이 되묻는 과정에 자기 비움과 타자 긍정의 자세가 드러나야 한다. 끝없이 묻는 과정에, 그리고 그렇게 물어서 구현해 내야 할 세계는 자신과 이웃과 세계에 대한 사랑이다. 사랑은 타자에 대한 개방성 속에서 이루어지는 자신과 이웃과 세계에 대한 경외이다. 자신 안에 타자를 담는 행위이다. 이것은 유연한 개방적 과정, 수용적 과정이다.

타자를 수용하려면 그렇게 수용할 수 있는 주체가 충분히 준비되어야 한다. 자기 비움의 역량이 주체적으로 뒷받침되어야 한다. 그렇지 않은 초월, 그렇지 않은 사랑은 타자에 대한 직·간접적 무시 혹은 하대(下待)로 이어지고, 자기애(自己愛)로 나타나며, 결국 타자를 향한 폭력의 동인이 된다. 그 폭력은 부메랑이 되어 결국 저마다의 자기중심성들을 공격해 오게 되고 자기중심성을 재강화하는 악순환으로 이어진다.

그렇다면 자기 비움의 타자 긍정은 오로지 개인의 의무이자 책임이기만 한 것일까. '신앙'을 핵심으로 여기는 종교에서 그 최종적 책임을 개인 혹은 자기에서 찾는 것은 한편에서 보면 필연적이기도 하다. 그래서 개인의 수행을 강조하며 최상의 목적처럼 삼는다. 개인의 변화 없는 전체의 변화는 없기 때문이다. 이렇게 현실 종교에서 개인의 변화를 추구하는 것도 당연하다.

하지만 지금까지 보았듯이 종교는 복합적 인간 현상이다. 정치, 경제, 사회, 문화에 무관심한 채 종교적 실천을 개인의 내적 안정감이나 산중의 개인적 고요함에 가두어서는 안 된다. 공즉시색(空即是色)이나 이사무애(理事無礙)에 담긴 윤리적 실천, 즉 저잣거리의 시끄러움을 감내하고 그 속으로 들어갈 줄 아는 역량을 키워야 한다. 정치 제도에 개입하고 경제와 외교 정책을 평화 지향적으로 바꿀 수 있어야 한다. 그렇게 바뀌고 있는 전체가 다시 개인의 변화를 추동할 때 더 많은 이들이 종교 본연의 모습을 느낄 수 있게 되기 때문이다.

저마다 국익을 내세우다가 국제질서가 혼란스러워지고 폭력이 구조화되는 마당에, 거대한 폭력의 책임을 개인에게만 돌릴 수는 없다. 당연한 말이지만, 개체와 전체의 책임을 모두 물어야 한다. 내적 신앙이 외적 전통에 자극을 받아 촉발되듯이, 그리고 내면도 외면을 통해서만 파악될 수밖에 없듯이, 부분은 전체의 부분이고, 전체는 부분의 유기적이면서 초월적인 총합이다.

평화 구축(peace building)이라는 과제는 개인의 과제이자 전체의 과제이기도 하다. 폭력의 책임을 개인에게만 돌릴 수도 없고,

개인을 무시하고 전체에게로 환원할 수도 없다. 무덤가의 고요함은 평화가 아니다. 평화는 사람들과의 관계 속에서 형성되며, 인류의 공존을 위한 기반이다. 칸트의 '영원평화론'에 함축되어 있는 것이기도 하지만, 진·선·미·성(眞善美聖) 등 개인이 성취할 수 있는 가치와 달리 평화는 개인과 전체 모두의 몫일 수밖에 없는 것이다.[6]

7. 평화라는 이름의 폭력들

문제는 '개인과 전체의 몫'이라는 원리가 현실에서는 그저 원리로만 남는다는 데 있다. 현실에서 개인은 구조화한 거대한 불평등의 세계로부터 저마다 유리한 판단을 하라는 요구를 받는다. 가령 사회는 인간이 낳았지만, 마치 거대한 생명체처럼 인간의 통제의 영역을 넘어서는 거대한 힘이 되었다. 종교도 내적 신앙이나 깨달음을 근간으로 하지만, 현실에서는 사람들이 모여 만든 조직과 제도에 따라 움직이고, 그 외적 시스템이 그 시스템 안에 있는 개인을 조절한다. 그래서 개인적으로는 순수한 종교인도 사

6 백종현, 「영원한 평화를 위한 칸트의 철학적 기획」, 임마누엘 칸트, 백종현 옮김, 『영원한 평화』, 파주: 아카넷, 2013, 21쪽.

회적 차원의 정의를 구체화하기는 대단히 힘들다. 라인홀드 니버의 『도덕적 인간과 비도덕적 사회』에서처럼, 설령 순수한 개인에게는 대체로 별 문제가 없다고 해도, 사회의 구성원으로서의 개인들은 '도덕적 인간'과는 다른 판단을 하곤 한다. 공(公)과 사(私)가 뒤섞인 사회에서 공적 판단을 하기보다는 내심 사적 판단을 먼저 하는 경향이 있다. 저마다 자기에게 유리한 선택을 하는 과정에 자기중심적 욕망들이 서로 충돌하고 있는 것이다.

이런 충돌이 중층적으로 결합되면서 개인의 도덕적 처신만으로는 감당하기 힘든 집단이기주의가 형성된다. 이런 과정을 거치면서 집단들의 관계는 "각 집단이 갖고 있는 힘의 비율에 따라 수립된다."[7] 누군가 타자에게, 특히 큰 힘이 작은 힘에게 원치 않는 피해를 입힐 때 그것을 '폭력'이라고 한다면, 모든 폭력은 그 근원에서 자기 정체성 혹은 자기동일성을 기반으로 한 자기중심주의를 동인으로 하고 있는 것이다.

저마다 평화를 내세우면서도 세상이 시끄러운 이유는 평화마저 자기중심적으로 상상하고, 자신에게 유리한 평화를 기대하며, 그에 따라 움직이기 때문이다. 중국의 평화와 미국의 평화는 늘 부딪친다. 남한의 평화와 북한의 평화는 물론, 한국과 일본의 평

7   라인홀드 니버, 이한우 옮김, 『도덕적 인간과 비도덕적 사회』, 서울: 문예출판사, 2013, 23쪽.

화도 상충된다. 무엇이 옳으냐 그르냐를 논외로 한다면, 서로가 서로에 대해 자기중심적으로 판단한다는 형식에서는 공통적이다. 한국에서든 미국에서든, 진보든 보수든, 국익에 기반한 정치를 하지 않은 적이 없다. 러시아의 우크라이나 침공에서 보듯이, 우크라이나를 본래 러시아의 일부라고 보는 러시아는 그런 사실을 부정하거나 러시아를 경계하는 우크라이나와 나토(NATO)를 적대시하며 전쟁까지 불사한다. 그래서 무력적 폭력을 통해서라도 자기 정당성을 확보하려는 모순이 벌어진다. 러시아와 우크라이나를 둘러싼 국제관계는 그 이상의 정치·외교적 복잡함으로 꼬여 있기는 하지만, 기본적인 구도는 대동소이하다.

이렇게 평화와 폭력은 반대말 같지만, 자기 정당화를 위해 자기중심적으로 행동하면서 평화라는 이름의 폭력이 벌어진다. '민주공화국'을 정치적 정체성으로 내건 대한민국과 '조선민주주의인민공화국'이라는 국호에 담긴 '민주'와 '공화국'의 개념은 서로 다르다. 한국 내에서도 민주의 이름으로 보수와 진보가 충돌하고, 민주공화주의와 자유민주주의가 갈등하기도 한다. '공화'와 '자유'는 강조점의 차이는 있을지언정 충돌하는 개념이 아니지만, 자유라는 말로 타자에 대한 존중을 거둬들이면서 이 둘은 상충된다. 상대방의 자유를 제한하면 안 된다면서 법을 두고 있지만, 그 법조차도 자유 경쟁을 독려하며 경쟁에서의 낙오자를 만드는 데 기여한다. 저마다 기존의 자신을 정당화하는 행동을 하면서 평화라는 이름의 분쟁도 벌어진다. 옛 일본의 대동아공영권이 결국 일본 중심의 공영(共榮), 사실상 일본만의 번영이었듯이, 자기중심적 평화주의(ego-centric pacifism)가 이른바 정의롭지 못한 정당한 전쟁의 동력이 되는 것이다.

8. 종교인의 이타성과 사회적 정의

종교도 사회의 구성체인 한 이러한 원리로부터 자유롭지 못하다. 종교가 갈등의 원인이 되는 것은 '종교'라는 것을 종단 중심적으로 사유하고 '진리'를 양화(quantify)하기 때문이다. 바꾸어 말하면 종교의 사물화(reification)를 넘어설 때 극복될 수 있다는 뜻이다. 더 정확히 말하면, 종교라고 하는 것을 양적 크기가 아닌, 타자를 살리는 선한 효과와 가치를 중심으로 간주할 때에야 극복할 수 있는 현상인 것이다. 종교는 사랑, 자비, 헌신, 경외, 기쁨 등의 가치를 기반으로 타자를 살리는 만큼만 종교이다. 그런 차원에서 종교는 '종교적' 효과를 중심으로 재해석되어야 한다. 자신을 비워 타자를, 특히 약자를 품는 사랑, 근원적 힘에 대한 경외, 타자에 대한 헌신, 이런 가치 지향의 실천이 종교이다.

이런 이타적 실천은 대체로 개인들의 행위로 나타난다. 종교 조직이나 단체 전체가 이타적이기는 힘들다. 같은 종단의 구성원이라도 정서, 생각, 어떤 사태에 대한 반응 등이 다양하며, 이들 다양성을 최고의 도덕적 가치로 승화시키는 조직과 제도라는 것은 없다. 종단의 조직과 제도가 개인적 도덕성 혹은 이타성들의 평균치 혹은 평균치+α를 구현하는 데 기여할 수 있다면 그것만으로도 대단히 성공적이다. 이것은 다양한 조건들의 조화와 절충으로서의 '정의'의 개념과 연결된다. 정의는 인간의 끝 모를 욕망과 이해타산의 조율 과정이다. 정의는 공동체의 근간이며, 개인의 도덕성들을 유지시키거나, 사회적 도덕성이 개인적 도덕성들의 평균치 이상이 되도록 현실화시켜가는 과정이다. 조직과 제도의 특성상 정의를 그 정도로 구체화시키기는 어렵지만, 그럼에도 불구하고 조직과 제도로서의 종교도, 개인의 이타성을 사회적 정의로 구체화시켜갈 때에야, 그 본연의 정체성과 진정성을 확보한다.

종교의 힘도 종교인들의 이타성이 사회적 평균치 이상으로 구현되도록 하는 과정에서 드러난다. 니버에게서 볼 수 있듯이, '사회'를 중심에 놓고 보면 최고의 도덕적 이상은 '정의'이다. 그리고 '개인'을 중심에 놓고 보면 최고의 도덕적 이상은 '이타성'이다. 개인의 이타성이 사회적 정의로 나타날 수 있도록 해야 한다는 뜻이다.[8] 물론 사회라는 것이 이미 이해관계 및 경제지향적으로 설

---

8   니버, 앞의 『도덕적 인간과 비도덕 사회』, 363쪽.

정되어 있기에 쉬운 일은 아니지만, 이른바 종교의 이름으로 개인의 이타성을 촉발시켜 사회적 정의로 나아가도록 일정 부분이나마 제도화할 수 있다면, 그것만으로도 '지상천국'이나 '후천선경'에 접근하는 길이다. 그럴 때에야 종교적 고유성과 진정성을 확보할 수 있게 된다. 가치 지향의 실천이 없으면 평화라는 이름의 폭력으로 이어지게 되는 것이다.

9. 주어를 해체시켜 주어로 다가서기

종교적 실천은 상생의 실천과 다른 이름의 같은 실천이다. 종교의 이름으로 더 큰 생명과 어울리는 상생적 실천으로 이어질 때에 비로소 종교가 된다. 개인의 생존과 더 큰 생명에의 추구가 동시에 이루어질 때 평화의 모습이 드러난다. 모든 것을 은혜로 보는 겸손함, 상생적 실천이라는 가치의 문제를 놓쳐서는 안 된다.

그 가치를 진지하게 구현하려는 자세가 외부자에게 읽힐 때 종교는 사회적으로 선한 힘을 얻고 지속적 생명력을 확보한다. 그 선한 힘은 종교인의 자기생존을 위한 힘이 아니라, 진정성이 표출되는 데서 오는 힘이다. 종교의 진정성은 타자를 위해 자신의 힘을 스스로 제한하는 행위에서 타자가 더 크고 근원적인 힘을 느낄 때 확보된다. 이 근원적인 힘은 종교가 스스로를 주어가 아닌 술어의 자리에 둘 때 드러나는 힘이기도 하다.

종교는 주어의 자리에 있지 않다. 종교는 주어를 지시하는 술어 형태로 드러난다. 가령 '하느님은 사랑이다'라는 문장의 핵심은 술어, 즉 사랑에 있다. '하느님'이라는 주어 자체는 그저 기호이다. 하느님은 사랑으로 드러나는 만큼 하느님이 되는 것이다. 불교적 메시지의 근간인 '자비'도 그렇다. '자비는 타자에 공감하면서 기쁨을 키우고 슬픔을 줄이는 행위이다.' 이 문장의 핵심은 자비라는 주어가 아니라 기쁨과 슬픔을 함께 하는 공감적 행위에 있다. 자비의 주어성은 타자에 공감하며 함께 하는 술어적 행위로 드러난다. 타자 중심적이지 않으면 자비가 아니다. 어떤 문장이든 문장의 실질은 술어이다. 술어는 주어를 지시하면서 기존의 주어를 재구성시킨다. 그런 식으로 주어에 다가서는 실질적 힘이다.

모든 주어는 술어에 의해 지시되는 만큼만 긍정되는 운명에 처해 있다. 종교도 개인과 집단의 자기 중심성을 넘어서고, 폭력으로 인한 약자의 상처에 공감하면서 아픔을 치유할 때에만 종교가 된다. 술어적 행위로만 종교가 평화에 기여하며, 평화에 기여하는 만큼만 종교인 것이다.

문법적으로 종교는 '실선적' 명사라기보다는 개방적이고 '점선적인' 형용사이다. 명사는 그 경계가 실선처럼 뚜렷하지만, 형용사는 점선처럼 개방적이다. '배타성'(排他性)은 이러한 종교적 관점에서 보면 그 자체로 모순이다. 자(自)와 타(他)가 상호 융통하는 과정이 종교의 근간이기 때문이다. 종교는 형용사에 힘을 불어넣는 부사이기도 하다. '이웃을 사랑하라'는 명령문도 종교적이지만, '네 몸처럼' 사랑하라는 부사가 술어를 더 술어 되게 해준다.

내용적으로 종교는 상생적 실천으로 고유성이 드러나는 동사이기도 하다. "평화를 이루는 이들이 하느님의 자녀들로 불리리라"(마태 5,9)고 하듯이, 종교인이 평화를 실천하는 것이 아니라, 평화를 실천하는 이가 종교인이다. 종교가 폭력을 줄이는 것이 아니다. 폭력을 줄이는 행위가 종교이다. 폭력이 없었던 적은 없다. 그저 폭력을 줄여가야 할 뿐이다. 평화는 폭력을 줄여 가는 감폭력(減暴力)의 과정인 것이다.[9] 국가, 인종, 민족, 신분, 성별 등 힘의 차이에 의한 차별과 희생이 사라진 '하느님 나라'와 '불국토'와 같은 '개벽'이 도래할 때까지 폭력을 줄이는 노력은 계속되어야 한다. 나와 너 사이에, 인간과 국가 사이에, 국가와 국가 사이에 폭력을 줄이는 과정이 서로를 사랑하는 과정이다. 그렇게 평화의 동사적 실천이 종교이다. 종교인이기 때문에 평화를 실천하는 것이 아니라, 평화가 그대로 종교인 것이다.

---

9   이찬수, 「감폭력의 정치와 평화의 신학」, 『평화의 신학: 한반도에서 신학으로 평화 만들기』, 서울: 동연, 2019, 13-36쪽.

02. '삶을 살리는' 평화

— 가톨릭과 평화학적 고찰을 통한 평화의 개념 탐색

손 서 정

평화란 과연 무엇일까. 동서고금을 막론하고 모든 인간은 평화를 갈구해 왔다. 그러나 정작 평화가 무엇인지 물으면 답을 하는 데 한참을 머뭇거리게 된다. 평화에 대한 탐색을 지속해 온 나조차도 정작 평화가 무엇인지 한마디로 정의하자면 멈칫하게 된다. 평화를 바라면서도 막상 스스로가 추구하는 평화의 의미를 규정하지 못하는 인간적 성찰로부터, 한 걸음 더 나아가 인류의 적립 유산인 종교와 학문으로부터 평화의 의미를 탐색하고자 한다.

인류는 태동할 때부터 평화를 추구하며 신과의 관계, 즉 종교 안에서 평화를 탐색하기 시작하였다. 나 역시 삶에서 실존적인 평화를 추구한 첫 시작이자 근간이 된 바탕은 가톨릭교회라는 종교 영역이었다. 이를 이론적 탐색으로 연결하여 국제평화학(International Peace Studies)이라는 영역에서 학문으로 탐구하였다. 이처럼 태초의 인류로부터 고찰해 온 경로인 동시에 한 개인으로서 겪은 나의 탐색 과정을 따라, 평화의 개념을 살펴보고자 한다.

먼저 그리스도교 사상과 가톨릭 종교, 그리고 그 안에서 성경과 전승을 통해 가르침을 추려낸 가톨릭교회 문헌과 사회교리를 중심으로 가톨릭 관점의 평화를 고찰할 것이다. 이어서 역사와 학문적 논의를 바탕으로 발전시킨 평화학적 관점에서 평화의 개념을 살필 것이다. 이를 종합하여 가톨릭과 학문적 관점으로부터 평화의 의미를 도출하여 그 방향성을 제시할 것이다.

1. 가톨릭 관점의 평화

가톨릭교회와 신앙에 있어서, 평화는 하느님의 본성으로 제시된다.[1] 그리스도교 신앙의 정수이며 근간인 하느님의 말씀, 즉 구약성경에서부터 예수 탄생 이후의 신약성경까지 일관성 있게 제시하는 하느님의 근본 속성은 "주님은 평화이시다"(판관 6.24)로 명시된다.[2] 따라서 평화는 창조된 모든 피조물에게 준 선물로 표현되기도 한다. 이는 신약성경에서 죽음으로부터 부활한 예수가 다시 살아나 사랑하는 제자들을 찾은 첫 장면에서 더욱 확연히 드러난다. 죽음으로부터 다시 살아난 이의 첫 말은 그 무엇보다 귀중한 의미를 전하는 것일 터인데, 부활한 예수의 첫 마디가 바

---

1   교황청 정의평화평의회, 한국 천주교 주교회의, 한국천주교중앙협의회, 『간추린 사회 교리』, 한국천주교중앙협의회 편, 2판(한국천주교중앙협의회, 2018, 363쪽.
2   앞의 책, 363-364쪽.

로 "평화가 너희와 함께"(요한 20.19)였다.[3] 두려움에 떨고 있던 제자들에게 준 평화의 선포는, 현세에서 살고 있는 모든 인간이 겪을 수밖에 없는 온갖 고통과 상황 속에서도 세상이 주지 못하는 평화를 전달하고자 하는 신적 의지가 들어 있다.

이처럼 성경에서의 평화는 단순히 전쟁이 없는 상태가 아니라, 현세를 초월한 생명의 충만함이며 인간의 삶에 주는 축복의 결과로 풍요와 안녕, 그리고 평안과 기쁨을 불러온다.[4] 이러한 신적 의지로서의 평화의 약속은 인간의 화해, 즉 신과의 합일뿐만 아니라 이웃과 화해하며 충실하게 살아가는 그리스도인으로서의 의무에 충실한 삶과 예수의 부활로써 완성된다.[5] "행복하여라, 평화를 이루는 사람들!"(마태 5.9)이라고 당신 자녀로 친히 불러 평화를 위해 일하도록 한 소명에는 예수 그리스도가 십자가로 인간을 구한 것처럼, 인간 또한 각자의 십자가를 지고 이 세상의 평화를 위해 일해야 함을 선포하고 있다. 결국, 그리스도교의 진리는 가톨릭교회의 전통과 가르침 안에서만 머무는 좁은 의미가 아니라, 동서고금을 통해 인류가 지녀 온 생명, 정의, 자유, 평화, 사랑과 같은 보

---

3   손서정, 「민족 · 화해 · 일치 칼럼」, 《가톨릭신문》 2017.11.05. 제3068호, 22면.
4   교황청 정의평화평의회, 『간추린 사회 교리』, 363-364쪽.
5   앞의 책, 364-365쪽.

편적인 가치를 포괄하고 이를 확장해 나아가기를 촉구한다.[6]

가톨릭교회에서 평화를 향한 지향은 한 개인의 구원을 넘어선 공동체적인 사회로 확장된다. 가톨릭의 공동체적 특성은 성부, 성자, 성령의 삼위가 그 기반이며, 하나로 일치되어 현존하는 삼위일체 하느님의 모습이 그 궁극적인 근원이다.[7] 그리스도교는 교회의 전통과 경전의 풍부한 전통에 기반을 두고, 예언자 이사야와 아모스처럼 평화와 정의를 위해 일할 것을 강조하고 있다. 또한 정의를 일으켜 평화를 이루기 위해서는 단순히 공감하고 이해하는 차원을 초월하여, 노동하는 예수를 모범으로 제시하며 그 실천성을 부각시켰다.[8] 결국 그리스도인은 이 세상에 평화를 주러 온 예수의 사명을 이어가기 위해, 각자가 한 몸을 이루는 지체로서 함께 일해야만 한다. 인간은 스스로와 사회의 생명을 유지하고 참인간으로 살아가기 위해, 근본적으로 '서로를 위해 창조된 존재'인 것이다.[9]

가톨릭교회는 교회문헌, 교황담화문, 회칙 등을 통해 정의와

---

6   최준규, 「가톨릭계 학교의 종교교육: 개념, 목적, 방법」, 『종교교육학연구』 21, 2005, 314-317쪽.

7   Groome, T. H., 조영관, 김경이, 임숙희, 『신앙은 지속될 수 있을까?』, 가톨릭대학교출판부, 2014, 360-362쪽.

8   J. L. Elias, "Education for Peace and Justice," *Journal of Catholic Education* 9(2), 2005, p.164.

9   Groome, 앞의 『신앙은 지속될 수 있을까?』, 363쪽.

평화를 위한 공동체적 노력을 끊임없이 부각시켜 왔다. 특히 레오 13세 이후, 모든 교황은 사회적 책무와 교육의 중요성을 더욱 강조하였다. 레오 13세(재위 1873-1903)는 산업혁명 이후 자본의 노예로 전락해 인간의 존엄을 박탈당한 비참한 현실에 처한 노동자들의 권리 증진을 위해 〈새로운 사태〉(Rerum Novarum, 1891)라는 자본과 노동에 대한 회칙을 반포하였다.[10] 이 회칙을 통해 인간의 노동은 단순한 생계 수단이 아닌 고귀한 행동이며, 노동을 통해 자신의 가치와 존엄성을 드높이는 노동하는 인간 본성에 대한 그리스도의 가르침을 펼쳤다. 또한 불합리한 계약에 의해 결정되는 노동자의 임금, 고용주가 노동자를 노예처럼 부리는 행태 등을 비판하며, 국가는 국가의 부를 생산하는 노동자들이 자본에 착취되어 부당한 대우를 받지 않도록 돌보고 이들의 복지를 위해 공동선을 추구해야 한다고 국가의 의무를 명백히 밝히고 있다.[11]

노동헌장으로 불리는 이 회칙은 당시 사회주의(socialism)와 자유주의(liberalism)가 각자의 이념으로 패권을 차지하기 위해 격렬하게 다투며 노동자를 도구로 소외시킨 시대에 출판되었다. 130

---

10 LEONIS XIII, 한국천주교주교회의, 한국천주교중앙협의회, 『새로운 사태』(Rerum Novarum)(1891).
11 김명현, 「레오 13세와 비오 11세의 노동에 대한 가르침」, 『가톨릭신학』 14, 2009, 196-199쪽.

여 년이 지난 현재에도 여전히 자본과 이념의 굴레를 쓰고 착취 당하고 있는 인간의 모습은 점점 더 다양하고 심각하게 드러나고 있어 해결되지 않은 숙제로 남아 있다. 당시 가톨릭교회는 노동 헌장을 개인적·종교적 개념에 치중한 채 사회적인 관점의 구체적 논의로 발전시키지 못한 한계를 지녔다. 그럼에도 이 회칙은 모든 그리스도교적 사회 활동의 기초가 되는 대헌장이며 첫 번째 사회회칙이라는 점에서 그 의미가 크다.

그로부터 40년이 지나(40주년을 기념하는 해), 비오 11세 교황(재위 1922-1939)은 두 번째 대(對)사회회칙으로 알려진 〈사십주년〉(Quadragesimo Anno, 1931)을 반포하였다. 그는 제1차 세계대전, 볼셰비키 혁명, 이탈리아에서의 파시즘 출현 등 수많은 전쟁과 내란, 세계 경제 불황과 같은 격동의 시기를 겪으며 사회적 문제들에 깊은 관심을 가지고, 이 외에도 수많은 회칙과 담화를 발표하여 사회질서의 재건에 관한 사회적 관점과 역할을 부각시켰다.[12]

이후 교황 요한 23세(재위 1958-1963)는 쿠바 미사일 위기로 촉발된 미·소의 대립과 3차 세계대전 발발 가능성을 우려하여 〈지상의 평화〉(Pacem in Terris, 1963)라는 회칙을 반포하여 세계적으로 평화에 대한 관심을 촉구하였다. 특히 진리, 정의, 사랑, 자유

12 앞의 글, 202-203쪽.

를 토대로 하는 모든 민족들의 평화를 위하여 정치공동체와 세계
공동체의 상호관계를 통해 평화를 실현해야 할 전 인류적 책무
를 강조하였다.[13] 인간은 모두가 하느님의 모상(image of God)으
로 창조되었기 때문에, 전 인류가 국가와 민족을 넘어서서 평화
를 건설해야 한다는 것을 천명한 것이다. 또한 인종 · 언어 · 문화
가 다른 것은 이질성과 배타주의를 부추기는 것이 아니라, 다양
성을 통해 서로 사랑하고 일치하여 더욱 풍성한 창조계획을 완성
하고 참된 평화를 이룰 수 있음을 강조하였다.[14] 그는 현대 세계
에서 살아가는 가톨릭교회의 개혁과 쇄신을 위해 전 세계 주교들
을 소집하여 제2차 바티칸공의회(1962-1965)를 개막하였는데, 이
후 4회기에 걸쳐 사회와 대화하며 4개의 헌장, 9개의 교령, 3개의
선언을 제시하여 가톨릭 교계와 사회 내에 엄청난 변화를 불러일
으켰다.[15]

요한 23세를 이은 교황 바오로 6세(재위 1963-1978)는 3년여간
의 긴 회의를 종결짓고 제2차 바티칸공의회(1962-1965)를 폐막하

---

13 John XXIII. P., *Pacem in Terris Peace on Earth: Encyclical Letter of Pope
    John XXIII* (America Press, 1963), 163항.
14 박일영, 「평화실현을 위한 종교의 역할—가톨릭의 수행을 중심으로」,
    『종교교육학연구』 28, 2008, 86쪽.
15 한국천주교중앙협의회, 『(제2차 바티칸) 공의회 문헌』(개정3판), 한국천
    주교중앙협의회, 2007.

여 가톨릭교회의 광범위한 개혁 임무를 완수하였다. 교황 바오로 6세는 유엔총회 연설을 통해 그 어떠한 난관에 부딪치더라도 전 세계가 함께 국제 평화를 이루도록 노력할 것을 촉구하였다. 공의회 문헌인 현대 세계의 교회에 관한 사목헌장 〈기쁨과 희망〉(Gaudium et Spes, 1965)에서는 평화의 본질, 전쟁 회피, 국제 공동체의 건설 등에 대해서 심오하고 구체적인 이론을 펼쳤다.

이후 바오로 6세는 회칙 〈민족들의 발전〉(Populorum progressio, 1967)을 반포하여 세계평화에 대한 가톨릭교회가 지닌 관심과 책무를 천명하였다. 또한 매년 1월 1일을 평화의 날로 제정하여 전 세계 가톨릭교회가 세계평화의 증진을 위한 기도를 통해 이웃 종교와 모든 사람과 대화하고 협력하기를 제안하였다.[16] 모든 이가 함께 참된 평화를 찾아 회심하여 진리와 정의 그리고 사랑과 자유에 뿌리박힌 평화를 확립하기 위해서는, 평화를 인식하도록 교육하고 양성하는 과정이 필요함을 점차로 부각시킨 것이다.[17]

1971년 세계주교회의는 그 어떤 교회 문헌보다도 정의를 위한 교육을 가장 광범위하게 다루며, 정의의 영역으로 가정, 학교, 일터, 사회와 시민 생활 전반에 대해 언급하고 있다. 이 모든 영역

---

16 박일영, 앞의 글, 86쪽.
17 앞의 글, 88쪽; 박일영, 「평화교육을 위한 종교의 과제—가톨릭 종교교육의 새로운 비전을 염두에 두고」, 『종교교육학연구』 48, 2015, 18-19쪽.

에서 개인적 모습이나 사회적인 도덕성이 복음적 원칙과 합일되게 살도록 가르침으로써 비판적인 성찰을 통해 구체적인 지식을 인식하도록 해야 함을 강조하였다. 특히 전반적인 발전을 보장하는 정의를 증진시켜야만 세상의 변화에 대비할 수 있음을 예견하였다.[18]

교황 요한 바오로 2세(재위 1978-2005)는 정의와 평화의 관계성에 대해 "사회 정의가 모든 사람을 위한 평화를 향해 간다면, 우리는 지구의 모든 삶, 즉 사회적·경제적·문화적·도덕적인 모든 차원에서 공정하고 정직한 관계와 분리될 수 없는 열매"인 평화를 실현할 수 있음을 역설하였다. 이렇게 교회는 평화와 정의를 위해 세상의 요구에 답해야 하는 '새로운 복음화'의 사명을 선포하였다.[19]

이러한 사명으로 로마교황청 정의평화위원회(2004)는 하느님의 모상으로서 인간의 존엄성과 결코 양도할 수 없는 권리들을 보호하기 위해, 켜켜이 쌓아온 교회의 가르침을 집대성하여 '가톨릭 사회 교리'를 발표하였다. 사실 가톨릭교회는 역사상 평화를 위한 분투 속에서 의식적이거나 무의식적인 폭력을 자행한 적

---

18 Groome, 『신앙은 지속될 수 있을까?』, 204; World Synod of Catholic Bishops, *Justice in the World* (1971).
19 Elias, *"Education for Peace and Justice,"* pp. 164-165.

이 있다. 그럼에도 폭력적인 현실을 자각하고 지속적으로 성찰하는 움직임을 통하여, 인간의 생명을 구하고 삶을 살리는 구원과 해방으로 평화를 향해 가려는 주된 흐름은 계속되어 왔다.

결국 인간의 발전과 온전한 해방을 지향하는 교회의 사회적 가르침은 오늘날 정치·경제·사회적인 모든 문제에 대해 응답하기를 촉구한다. 사회의 모든 문제에 대해 함께 책임을 지는 사회적 연대를 구축하고, 사회 안에서 생활하는 모든 사람은 "정의와 사랑의 의무"를 이행하여 만인의 선익과 각 개인의 선익에 투신하여야 하기 때문이다.[20] 무엇보다 자신들의 특정한 이익만을 이기적으로 주장할 것이 아니라, 다른 공동체의 이익을 존중하는 '연대성'(solidarity)을 실천해야 함을 역설하고 있다.[21] 이러한 연대성은 다른 사람이 겪는 불행에 대한 막연한 동정심이나 피상적인 근심이 아니라, 공동선에 투신하겠다는 강력하고 항속적인 결의로 행동하기를 촉구한다.

교회는 좀 더 구체적으로 지속적인 교회 문헌 반포와 교황 담화문을 통해 모든 종류의 폭력에 반대하며, 폭력을 악으로 규정한다. 전쟁이나 무기를 확장하는 등 폭력을 통해 인간의 존엄과

---

20 한국천주교중앙협의회, 『공의회 문헌』, 241쪽.

21 John Paul II. P. & 한국천주교주교회의, 한국천주교중앙협의회, 『사회적 관심』(Sollicitudo reisocialis)(한국천주교중앙협의회, 1987), 38-39항.

생명, 자유를 수호한다는 논리는 문제의 해결책으로 받아들일 수 없을 뿐만 아니라, 그리스도교 진리와 인간에 대한 진리 모두에 상충되는 거짓이라고 단언하고 있다.[22] 그러나 어쩔 수 없이 정당 방위를 행해야 할 경우, 평화수호와 무고한 생명을 보호할 의무에서만 매우 엄격한 조건 하에 '필요와 균형'의 한계를 존중하여 신중한 판단을 해야 함을 경고한다.[23] 이는 전반적인 군비 축소와 테러리즘에 대한 단죄로도 연결된다. 그렇지만 무엇보다 반인륜적 범죄에 대한 책임을 종교, 국가, 인종으로 확대하여 세상을 가르는 이분법적 논리로 군사행동으로 보복하거나 기득권을 유지하기 위해 악용하는 경우를 명확하게 직시하고 근절해야 함을 명시하는 것이다. 이러한 실질적인 문제를 알아차리고 해결하기 위해서는 정치적·교육적 차원에서 특별히 노력해야 한다.[24]

그럼에도 사회에는 끊임없이 폭력과 보복이 이어져 평화가 깨어지고 비평화적 상황이 끊이지 않는다. 이에 용서와 화해가 얼마나 중요한지에 대해서도 언급하는데, 교회는 용서와 화해에 필요한 것이 무조건적인 사랑과 용서라고 뭉뚱그려 가르치기보다 정의와 진실 규명이라는 실질적인 조건을 부각시켰다. 가해자와

---

22 교황청 정의평화평의회, 『간추린 사회 교리』, 368쪽.
23 앞의 책, 371-372쪽.
24 앞의 책, 382쪽.

피해자가 서로 용서와 화해를 통해 다시 평화로 들어서는 과정은 지난하고 힘든 과정이지만, 정의의 실현을 통해서만 용서와 화해의 화합 과정에 도달할 수 있다는 점과 그 길에서 앞장서야 할 교회의 역할을 강조하였다.[25]

교회는 특히 그 무엇보다 '가난한 이를 위한 선택'을 최우선에 두어야 함을 역설하고 있다. 가장 가난한 이를 사랑과 관심으로 돌보며 행동해야 하는 교회의 임무는 물질적인 가난으로 최악의 곤경에 처한 이들뿐만 아니라, 인간다운 삶과 존엄의 실현에 있어서 육체적 · 정신적 · 영적으로 방해를 받는 사람들까지 포함한다. 전쟁을 비롯한 갖가지 폭력으로 "잔인성과 고통의 가장 밑바닥에"[26] 처한 가해자와 피해자, 획일적이고 강압적인 자본과 교육 시스템에서 죽음으로 몰려가고, 죽음에 처하며, 죽음을 선택하게 되는 가련한 영혼들 모두가 '가장 가난한 이'인 것이다. 물질적으로 가장 풍요롭지만 극단적으로 치우친 분배 불평등으로 기울어진 현대 사회는 오히려 몸과 영혼이 가장 가난한 이들로 가득한 피폐한 세상이 되고 있다.

지금까지 살펴본 바와 같이 가톨릭의 평화는 그리스도 사상에 뿌리를 두고 사회의 이성적 · 도덕적인 질서에 세워진 가치로, 인

---

25 앞의 책, 383-385쪽.
26 앞의 책, 384쪽.

간의 보편적인 의무를 강조한다. 이러한 평화는 인간에 대한 올바른 이해로부터 시작되므로 "인간의 모든 차원의 균형을 존중"하는 정의로부터 나오는 열매이며, 이 열매를 맺기 위해 필수적인 것이 바로 사랑임을 강조한다.[27] 왜냐하면 정의의 역할은 평화의 장애물을 제거하는 데 그치지만, 정의를 수호하는 데 지치거나 좌절할 경우에도 사랑은 멈추지 않는 샘물처럼 흘러넘치기 때문이다. 결국, 평화 그 자체는 오직 사랑에서만 나올 수 있다. 모든 사람이 정의와 사랑의 열매로써 평화를 증진시켜야 하는 책임을 인식하여 마음속 깊이 평화의 가치가 뿌리내릴 때, 그제야 평화는 가정과 공동체 및 더 큰 다양한 집단으로 확산될 수 있는 것이다.[28]

따라서 가톨릭의 평화는 개인적이고 협소한 종교 내의 평화에만 머물지 않는다. 신과의 관계에 진실로 충실하다면, 인간은 새로운 기쁜 소식을 계속해서 더 널리 더 깊이 전함으로써 하느님의 평화를 확장하게 된다. 가장 가까운 이웃이나 물리적 · 심리적으로 가장 멀리 떨어진 이웃뿐만 아니라, 원수로 여겨지는 적대적인 이웃과도 공생하고 화합하기를 촉구하는 공동체적 평화를 추구하게 되는 것이다. 그러기 위해서 우리 인간은 서로 신뢰를 통해

---

27   앞의 책, 366-367쪽.
28   앞의 책, 367쪽.

정신과 재능의 자산을 나누고, 인간의 존엄 · 생명 · 자유를 파괴하는 폭력을 철저히 거부하는 살아 있는 증언과 삶으로 실천함으로써만 인류 공동의 '삶을 살리는' 방향으로 나아갈 수 있다.[29]

2. 평화학 관점의 평화

일반적으로 평화의 의미는 "평온하고 화목함" 그리고 "전쟁, 분쟁 또는 일체의 갈등이 없이 평온함, 또는 그런 상태"로 정의된다.[30] 하지만 이 정의는 지나치게 이상적이어서, 실현 가능성이 없거나 어느 찰나의 순간에만 경험할 수 있는 상태로 평화로 제한하는 단점이 있다. 일반적으로 인간은 본성상 자신의 내면, 대인 · 대물 관계, 그리고 사회구조 내에서 끊임없는 갈등 속에 살아가는 존재이다. 따라서 이러한 정적인 평화 개념은 진정한 평화의 이해와 실천적 측면에서 오히려 '평화 문맹'에 이르게 한다는 약점이 있다.[31] 단편적이고 선택적인 평화의 개념 대신 다양한

---

29 앞의 책, 367쪽.
30 국립국어원 표준국어대사전[웹사이트] (2021년 7월 9일).
    https://stdict.korean.go.kr/search/searchView.do?word_
    no=503049&searchKeywordTo=3.
31 이찬수, 「평화 개념의 해체와 재구성: 평화다원주의의 정립을 위하여」,

'평화들'의 다원성을 수용하여, 역사적 흐름과 문화적 차이에 따른 상이한 '평화들'이 수렴되고 조화를 이루는 평화 개념이 필요하다. 물론 평화라는 단어는 매우 다층적인 영역에서 다양한 분야를 포괄하므로 평화의 개념과 그 의미를 규정하기란 쉽지 않다. 평화의 개념은 인류와 함께 태동하여 정치 · 사회 · 시대적 맥락에 따라 변화할 뿐만 아니라, 개인과 상황에 따라 다르게 해석되기 때문이다.[32] 또한 평화는 인간 내면에서부터 사회와 국가, 자연과 우주로까지 확장되는 다차원적인 영역을 아우르고 있기에, 그 영역들 사이에서 촘촘하게 관계를 맺어 가는 인간은 시시각각 평화에 대한 다양한 의미를 끊임없이 생산해낸다.[33]

그렇다면 인류가 탐색해 온 '평화들'은 무엇일까. 고대로부터 평화를 추구하는 인간의 여정은 중단된 적이 없다. 인류는 의식주가 충족되는 생존적인 욕구와 관계적 · 문화적 욕구를 충족시키는 개인적 차원의 평화에서 출발하여, 공동체를 이루고 신뢰와 비폭력적 방식을 통해 달성하는 집단적 차원의 평화를 추구하며 나아가 불가침 협약과 상호협력을 바탕으로 한 민족적 · 국가적

『평화와 종교』 1, 2016, 15-16쪽.

32 서보혁, 『한국 평화학의 탐구』, 박영사, 2019, 32-33쪽; 박보람, 「평화교육에서 소셜미디어 활용 방안」, 『초등도덕교육』, 2020.1, 199-200쪽.

33 박우섭, 「평화의 개념 연구—다양성과 공통성을 중심으로」, 『중등교육연구』 65(2), 2017, 378쪽.

차원의 평화를 지향해 왔다. 무엇보다 인류의 기원으로부터 평화는 대개 종교와 관련되었는데, 고대인들에게 진정한 평화란 단절된 신과의 관계를 회복하고 신의 뜻과 가르침에 순종하며 나아가 신과 합일을 이룰 때만 성취할 수 있는 것이었다.[34]

이미 고대 철학자들은 개인적 차원과 사회·국가적 차원의 평화를 함께 고려해야 함을 인식하고 있었다. 플라톤과 아리스토텔레스, 나아가 스토아 철학자들도 삶의 질에 가치를 두고 내면적 성장과 조화를 강조하면서도 폴리스라는 공동체를 위협하는 외부 세력의 위협에서 벗어나 세계시민으로서의 인식 변화를 지향하는 평화를 강조하였다.[35] 로마 시대에는 '로마의 평화'를 뜻하는 라틴어 Pax Romana(팍스로마나) 개념이 대두되었는데, 로마제국의 군사적 무력 평정에 이은 로마법과 규칙 준수 등 제국주의적 폭력을 당연시하는 통치철학을 배경으로 확장되어 폭력성을 품은 자신들만의 평화에 집중하였다.[36] 그럼에도 여기서 주목할 점은 로마의 평화가 생명의 위협으로부터 벗어나 삶을 안전하게 영위할 수 있는 평화의 본질을 반영하려 했다는 것, 그리고 갈등과

---

34 앞의 글, 380-381쪽.
35 김병곤, 「유럽 지성사와 평화 인식의 기원」, 『한독사회과학논총』 30(4), 2020, 145쪽.
36 박우섭, 앞의 글, 386쪽.

경쟁의 관계 속에서 약속과 동의를 통해 규칙과 질서를 지키고자 하는 행위로 발전시키려 했다는 점이다.

근대로 넘어오면, 국가 간에 잦은 전쟁을 치러 온 유럽에서 1, 2차 세계대전이 발발하자 평화의 의미는 점점 '전쟁이 없는 상태'로 고착되었다.[37] 한반도 역시 강대국 사이에서 잦은 분쟁을 겪으며 1890년대 후반부터 '전쟁이 없는 상태'의 의미로 평화 개념이 자리 잡기 시작하였다.[38] 한국전쟁을 겪고 종전이 아닌 휴전 상태를 유지하고 있는 우리 사회 역시 평화를 '전쟁이 없는 상태'라고 이해하는 경향이 강하다.

이처럼 시간과 공간, 인격 내면과 외부 환경의 다양성과 변화에 따라 다르게 이해되었던 평화 개념은 20세기 중후반에 이르러 학문적 고찰로 이어졌고, 두 차례에 걸친 세계대전을 치르며 인류 최대의 살상에 대한 반성을 통해 평화학이라는 학문으로 체계화되었다. 평화학은 정치, 경제, 사회, 문화를 아우르는 여러 학문들이 서로 교류하며 발전된 학제적이면서도 실용적인 학문분야이다.[39] 국제평화학(International Peace Studies)[40]에서는 평화이

---

37 이상근, 「'안정적 평화' 개념과 한반도 적용 가능성」, 『한국정치학회보』 49(1), 2015, 133-135쪽.
38 하영선 외 17인, 『21세기 평화학』, 서울: 풀빛, 2002, 111쪽.
39 서보혁, 앞의 책, 31-32쪽.
40 아일랜드 더블린에 위치한 Trinity College Dublin은 평화학으로 유명하

론, 국제정치, 전쟁과 무력 분쟁, 평화 구축, 갈등 해결과 비폭력, 인도지원과 개발협력, 종교와 국제 관계, 유엔과 시민사회, 젠더와 인권 문제, 기후와 생태 등의 다양한 주제를 다루고 있다.

미국의 경제학자이며 평화연구자인 케네스 볼딩(Kenneth Boulding, 1978)은 평화에 대한 학문적 접근을 통해, 전쟁의 부재라는 기존의 평화 개념을 바탕으로 전쟁의 발발 가능성 정도에 따라 '안정된 평화'(stable peace)와 '불안정한 평화'(unstable peace)로 평화의 범주를 분류하였다. 그에 의하면, '불안정한 평화'는 평화를 규범으로 여기지만 평화가 깨어질 전쟁의 가능성이 있는 상태이며, '안정된 평화'는 전쟁이 일어날 가능성이 적어서 사람들이 염두에도 두지 않는 상태를 말한다.[41]

노르웨이의 사회학자 요한 갈퉁(Johan Galtung, 1996)은 기존의 평화와 폭력의 범위를 확장시켜 복잡한 평화 개념을 '소극적 평화'(negative peace)와 '적극적 평화'(positive peace)로 분류하였다. 또한 인간 삶의 여러 층위에서 구체적이며 다양하게 발생하는 폭

여 전 세계에서 다양한 학생들이 학위과정을 위해 모여든다. 특히 분쟁 중에 있는 국가의 학생들이 모여 다양한 논의를 펼칠 수 있다. 국제평화학에 대한 더 자세한 정보는 아래의 International Peace Studies 홈페이지를 방문하면 참고할 수 있다(검색일: 2022-07-13). https://www.tcd.ie/religion/postgraduate/ips/.

41 Kenneth E. Boulding, Stable Peace (Austin: University of Texas Press, 1978), p.43; 이상근, 앞의 글, 138쪽.

력을 체계화하여 평화에 대한 인식 지평을 넓혔다. 그에 따르면 '소극적 평화'는 질병, 구타, 감금, 살인, 자살, 전쟁과 같은 물리적 폭력이나 언어적 폭력 등의 실체적인 행위자가 있는 '직접적 폭력'(direct violence)이 제거된 상태이다. '적극적 평화'는 인간의 집단행동을 통해 사회와 문화 속에 오랫동안 형성되어 깊이 뿌리박힌 '구조적 폭력'(structural violence)과 폭력을 정당화하는 '문화적 폭력'(cultural violence)까지 제거된 상태를 말한다.[42] 여러 후속 연구자들은 갈퉁이 정리한 평화를 '폭력의 부재'로만 해석하기도 하는데, 사실 갈퉁은 정의, 통합, 조화, 협력을 통해 이상적인 관계를 확립해 나아가는 적극적 평화 개념을 더욱 강조했다.[43]

 '적극적 평화' 개념을 살피는 데 있어서 특히 주목해야 하는 폭력은 직접적 폭력처럼 실체가 보이지도 않고, 구조적인 모순의 폭력성까지 교묘히 가리는 더욱 고차원적인 '문화적 폭력'이다.[44] 엄청난 파괴력을 지닌 '문화적 폭력'은 문화 안에 교묘하고 깊숙이 침투되어 직접적·구조적 폭력을 올바른 것, 타당한 것으로 보이게끔 폭력을 합법화하고 정당화하는 데 이용된다. 종교, 법,

---

42 Johan Galtung, 강종일, 정대화, 임성호, 김승채, 이재봉, 「평화적 수단에 의한 평화」, 『들녘』, 2000, 84-88쪽.
43 이상근, 앞의 글, 134쪽.
44 Galtung, 1996: p.412-413.

사상, 언어, 예술, 과학, 언론 등 문화 전반에서 가치와 태도로 깊숙이 자리 잡아 우리에게 강한 신념으로 작용하여 폭력을 촉발하면서도 인지조차 못하게 만드는 것이다.[45]

이미 우리 사회에서 당연시되는 민주주의와 인권과 같은 담론들이 다수를 위한다는 명분하에 소수자에 대한 차별을 정당화하는 데 작동하는 것처럼, 이러한 문화적 폭력은 집단 내에서 폭력의 문화를 심화하여 비평화의 상황을 평화로 인지하게끔 만드는, 폭력 확산의 토대가 된다. 이러한 문화의 토대에서 사회 내 폭력으로 구조화되는 과정을 거쳐 빙산의 일각처럼 밖으로 드러나 실체가 보이는 일부분이 바로 직접적 폭력인 것이다. 그러므로 밖으로 드러난 직접적 폭력은 그 토대를 이루는 문화적 폭력에 비하면 아주 미미한 일부분일 뿐이다. 문화가 폭력으로 침식되어 폭력의 문화로 변질될수록 그만큼 밖으로 나타나는 폭력이 확대되므로, 문화를 침식하고 있는 토대의 폭력을 인지할 수 있는 능력이 필요하다.

실제로 평화연구가 본격화되면서 전쟁의 종식과 핵무기 반대에 집중되었던 '소극적 평화' 개념은 점차 사회경제적 시스템의 불공정으로 인한 빈곤과 구조적인 문제, 지구 환경 이슈를 포함

---

45   Galtung, 앞의 책, 424-437쪽.

한 '적극적 평화' 개념으로 초점이 옮겨졌다. 인도의 수가타 다스굽타(Sugata Dasgupta, 1974)는 서구 제국주의와 자본의 횡포로 경제적·심리적으로 파괴된 상황을 지적하며 비평화(peacelessness)라는 구조적 폭력을 극복하려고 노력하였다.[46] 독일의 디터 젱하스(Dieter Senghaas, 2016)는 국가 권력과 시민사회 간의 구조적 갈등 문제를 해결하고자, 민주주의 역량을 강화함으로써 평화를 구축하는 '문명사회적 육각구도모델'로 제시하였다.[47] 육각구도 모델은 평화로운 문명사회를 구축하는 데 요구되는 여섯 가지 조건으로 법적 공동체인 국가에 대한 정당한 권력보장, 이를 위한 법치국가적인 통제, 사회구성원 간의 상호의존성으로부터 오는 자의적인 통제와 정서 조절, 민주적인 정치 참여, 기본 욕구를 보장해 줄 수 있는 균등한 기회와 공정한 분배 등의 사회정의 실현, 내면화된 성숙한 갈등조정 문화를 제안하고 있다.[48]

이러한 적극적 평화 개념은 정치, 경제, 사회, 문화적인 차원을 넘어서, 자연적·지구적·생태적 차원으로 확장되어 "강력하고 역동적인" 생명 존중의 측면이 점점 강조되고 있다.[49] 인류가 행

---

46 서보혁, 앞의 책, 27쪽.
47 D. Senghaas, & 김민혜, 임홍배, 『지상의 평화를 위하여: 인식과 추측』, 아카넷, 2004, 46쪽.
48 앞의 책, 37-43쪽.
49 Reardon, B.(2020), Comprehensive Peace Education, 강순원 역, 『포괄

한 폭력으로 인해 인류 자신은 물론이고 전 지구적으로 점점 더 다양한 차원에서 극심한 고통을 겪고 있기 때문이다. 인류 '공동의 집'(common home)인 지구의 생태적 평화를 회복하기 위해서는, 현 사회에 만연한 소비주의와 인간중심주의가 초래한 죽음의 문화를 생명의 문화로 전환해 나갈 세계적인 합의와 노력이 지속적으로 촉구된다.[50] 같은 맥락에서 자본주의와 사회주의의 이념적 대립을 초월하여, 개인적 차원에서는 인간의 삶, 사회적 차원에서는 인간의 생존, 생태적 차원에서는 인간의 생명을 추구하는 사상과 실천적 활동이 부각된다.[51] 이는 결국 인간이 존엄한 '생명'과 본성적으로 맺어지는 '관계'가 평화의 핵심 원리이며, 진정한 평화는 '모든 인간의 생명을 살리고 호혜적인 관계를 형성'하는 것임을 보여준다.[52]

적 평화교육』, 살림터, 2021, 75쪽.

50 Francesco, P. & 한국천주교중앙협의회, 『찬미받으소서: 공동의 집을 돌보는 것에 관한 회칙』, 한국천주교중앙협의회, 2021, 20-23쪽.

51 김누리, 장하준, 홍기빈, 최배근, 홍종호, 김준형, 김용섭, & 이재갑, 『코로나 사피엔스, 새로운 도약』, 인플루엔셜, 2021, 43쪽.

52 박보영, 「평화역량 강화를 위한 교육 방안의 탐색」, 『교육사상연구』 23(1), 2009, 83-84쪽.

3. 삶을 살리는 평화

지금까지 살핀 가톨릭의 평화관과 평화학에서의 평화 담론 고찰을 통해 평화의 개념에 반드시 동반되어야 하는 요소들을 추출해낼 수 있는데, 이는 생명, 정의, 사랑이라는 실존적 가치이다. 생명이 없으면 평화라는 개념 자체를 탐색할 수도 없고, 정의롭지 못한 평화는 지속될 수 없으며, 사랑이 동반되지 않은 평화는 이기적이고 허무하게 흐를 수 있기 때문이다. 그리고 하나의 가치만으로는 평화를 만들고 지켜낼 수 없으므로, 생명 · 정의 · 사랑이라는 가치들이 서로 조화로운 관계를 맺음으로써 평화가 달성될 수 있을 것이다. 그렇다면 이러한 세 가지의 가치가 어떻게 조화를 이루어야 할 지 살펴볼 필요가 있다.

첫째, 가장 근원적인 '생명'이 최우선적으로 보장되어야 한다. 평화는 인간 삶의 근본인 생명, 즉 "사람이 살아서 숨 쉬고 활동할 수 있는 힘"[53]과 연관된다. 매일의 숨을 받아들이고 내쉬는 생명, 그리고 그 생명을 지닌 몸은 물리적인 육체일 뿐만 아니라 정신적인 보고(寶庫)이기도 하다. 생명을 지닌 몸은 인간이 일어나

---

53 국립국어원. (2023년 11월 29일). 〈표준국어대사전〉
https://stdict.korean.go.kr/search/searchResult.do?pageSize=10&search
Keyword=%EC%83%9D%EB%AA%85.

움직이고 생활하는 온갖 감각과 운동기능을 주관하는 신체적 기관일 뿐만 아니라, 본능과 경험 및 지식을 총괄하여 두뇌가 기억하지 못하는 것까지 저장하고 오롯이 감각해 내는 온갖 삶의 보물들을 저장하는 창고이기 때문이다.[54]

결국, 평화를 정의할 때 전쟁이나 죽음과 같은 반대 개념의 단어가 줄곧 따라다니는 것도 인간 생명의 소중함 때문이다. 평화는 전쟁이나 분쟁, 억압과 착취로 인간의 생명과 인간다운 삶을 위기에 몰아넣는 각종 직접적이고 구조적인 폭력들을 제거하여, 인간의 생명을 살리는 것이 그 목표이다. 따라서 인간 생명은 어느 순간이라도 정치·사회·경제적 수단이 아닌 목적 그 자체로서 존중되어야만 한다. 그래야만 근원적인 생명 자체를 살리고, 인간답게 살 수 있는 기본 조건으로서의 평화를 만들어 나아갈 수 있기 때문이다.

둘째, '정의'의 실현만이 평화를 지속시킬 수 있다. 그런데 정의 또한 역사적·사회적 상황과 시대의 변화에 따라 그 기준이 달라져 객관적·주관적 기준이 모호해지기도 하고, 어느 순간에는 정의(正義)였던 것이 다른 순간에는 부정의(不正義)로 인식되기도 한다. 아리스토텔레스는 정의를 절대 중립적이지 않다고 보았고,

---

54 T. H. Groome, 조영관, 김경이, 우정원, 『생명을 위한 교육』, 가톨릭대학교출판부, 2021, 369쪽.

정의란 본질적인 미덕과 연관되어 '좋은 삶'(eudaimonia)으로 이어져야 함을 역설하였다.[55] 이때 '좋은 삶'이란, 모든 인간이 궁극적인 목적으로 추구하는 것으로, 충분히 발달된 이성을 발휘하여 혼신의 노력을 할 때에만 비로소 가능해지는 삶이다.[56]

정의에 대한 탐색 여정은 고대로부터 지금까지 끊임없이 이어지고 있다. 미국의 정치철학자로 오랫동안 정의에 대해 탐색해 온 샌들(Sandel, 2010)은 정의를 공리와 복지, 선택의 자유, 미덕과 공동선이라는 세 가지 접근방식으로 탐구하였는데, 결국 정의란 '좋은 삶'에 대해 사회의 구성원 모두가 함께 고민하며 올바른 분배와 가치를 정립하여 미덕과 공동선을 이루어 가야 하는 것으로 결론을 맺는다.[57] 이처럼 정의란 단순한 법과 협약을 통해 결정되는 것이 아니라 인간의 심오한 본질을 이해하는 노력을 통해 정해진다.[58] 그러므로 정의를 추구하는 인간 본질 자체로부터 인간 '모두를 위한 정의'로 수렴하여 공동선을 향해 나아가기 위해서는 끊임없이 서로 만나 함께 대화해야 한다. 그리고 무엇보다 나와

55 Aristoteles, B. C., & 최명관, 『니코마코스』, 서광사, 1984; M. J. Sandel, Justice, 1st pbk. ed. (Farrar, Straus and Giroux., 2010), p. 187.
56 김기수, 「아리스토텔레스의 '실천적 지혜'와 교육의 실제」, 『교육철학』 17, 1997, 32쪽.
57 Sandel, Justice, pp. 260-261.
58 교황청 정의평화평의회, 『간추린 사회 교리』, 202항.

반대 의견을 지닌 사람이나 동의할 수 없는 상대를 환대하는 공간과 공적인 문화를 확립하는 것이 중요하다.[59] 평화는 그저 아무 일도 일어나지 않는 고요한 상태나 평온함이 아니라, 치열한 고민과 갈등 속에서 서로를 존중하고 조율하며 최선을 다함으로써 실현되는 정의에 의해서 달성될 수 있다.

셋째, 인간과 세상을 향한 진정한 사랑이다. 연민과 자비를 품은 사랑이 없이는 정의 또한 불의로 치달을 수 있다. 로마의 정치가이자 변호사였던 키케로가 한 말로 알려진 '최고의 정의는 최고의 불의다'(summum ius, summa iniuria)라는 격언은, 정의라는 잣대만을 들이댈 때 정의가 도리어 최악의 부정의로 추락할 수 있음을 암시한다.[60] 정의가 관계 안에서 "사랑이라는 더욱 깊은 힘에 열려 있지 않으면 스스로를 배반할 수 있기" 때문이다.[61]

이러한 사랑은 가장 쉽게 떠올릴 수 있는 부모와 자녀 관계로부터 추론할 수 있다. 어린 자녀가 사회적인 개념과 법에 비추어 정의에 어긋나는 잘못을 했을 때, 정의의 개념만 앞세워 처벌하는 부모는 없다. 만약 그렇다면 어린아이는 이성적 판단을 갖추기도 전에 생명조차 부지할 수 없는 지경에 이르게 될 것이다. 자

59   Sandel, Justice, p. 261.
60   교황청 정의평화평의회, 『간추린 사회 교리』, 171쪽.
61   앞의 책, 169-170쪽.

녀에 대한 깊은 사랑을 품고 오래 참고 기다리며 친절하게 인내함으로써, 정의를 가르칠 수 있는 기회를 부여할 수 있고 정의를 행하도록 인도할 수 있다. 사랑은 정의를 전제로 하지만, 정의를 초월하기 때문에 사랑 안에서만 비로소 정의가 완성될 수 있다.[62] 이를 사회적으로 점점 더 넓혀간다면, 타자에 대한 깊은 포용과 사랑으로 평화를 이루는 데 가까이 갈 수 있는 것이다.

결국 평화는 생명, 정의, 사랑의 가치를 '균형적인 관계맺음'을 통해 실현하려는 인간의 노력을 통해서 달성될 수 있다. 평화의 요소는 개인의 내면에서부터 가족과 친구, 공동체와의 관계로부터 정치, 경제, 사회, 문화적 관계, 나아가 자연과 생태까지 포괄하는 관계망으로 촘촘히 얽혀 있다. 또한 특정한 개인이나 집단 차원에서 평화이던 것이 다른 개인이나 집단으로 옮겨 가면 폭력적인 모습을 띠는 경우가 종종 발생하는데, 이는 어떤 개인, 사회, 국가가 추구하는 안정과 풍요가 타인이나 다른 사회와 국가에는 폭력이 되거나 폭력적 결과를 초래할 수도 있기 때문이다.

따라서 진정한 평화를 향한 개인적 · 공동체적 · 세계적 · 생태적인 합의를 통해 서로의 '생명을 살리는' 지점을 찾아가는 건전하고 균형적인 관계맺음이 필요하다. 개인 차원이든 공동체 차

---

62   앞의 책, 171-172쪽.

원이든, 각 영역에서 균형적인 관계맺음을 통해 서로를 배려하고 포용하는 적극적인 실천을 반복함으로써 평화를 통합적으로 성취하고 만들어갈 수 있다. 그러므로 평화는 고착된 상태가 아닌 지속적으로 노력하고 실천해 나아가는 움직이는 '과정'이다.

세상 누구도 전 생애에 걸쳐 총체적인 삶의 평화가 한순간도 깨어짐 없이 지속되는 것은 불가능하다. 수많은 '평화들'의 조건 아래에서 단 한 영역의 '평화'만이라도 무너진다면, 평화는 사라진다. 한 개인을 예로 들자면, 이상적 환경의 복지국가에서 풍요롭고 충만한 삶을 산다 할지라도 자신의 건강이 망가지면 평화를 만끽하지 못하는 것처럼 평화는 통합되고 총체적인 안녕을 필요로 한다. 그럴 경우 '평화가 깨졌다'고 단정 짓는 외부적 관점에서 한 발 더 안으로 디뎌 내부자의 관점과 상황으로 들어오면, 우리는 수많은 균열과 깨어짐 속에서도 그 안에서 생명을 살리고 삶을 향유할 수 있도록 최선을 다해야 하는 현실을 만난다. 종종 이렇게 부서지는 고통과 경험이 계기가 되어 위기를 기회로 바꾸고 변증법적 발전을 거듭하여, 더 이상적인 상태로 나아가는 촉매로 작용되기도 한다.

즉 평화는 실질적이고도 가장 근원적인 생명이 살아날 수 있는 정치·경제·사회·문화·생태적 환경을 조성하기 위해, 사랑을 품은 정의를 실현하여 그 안에서 충만하고 좋은 삶을 누리고 더 발전적인 삶으로 나아가도록 지속적으로 만들어가는 과정이다.

그러므로 평화의 의미를 사전적 정의에서처럼 '상태'로 국한할 경우 오히려 소극적인 삶에 머물게 하고 평화를 스스로 만들어 나갈 수 없는 것으로 느끼게 하여 관념적인 제약을 가할 수 있다. 따라서 우여곡절인 삶의 과정에서도 지속적이고 적극적으로 만들어 나가는 '과정'으로서 평화에 의미를 부여하는 것이 중요하다.

그러므로 평화는 삶이라는 인간 실존에 통합되어 지속적으로 경험되는 '삶을 살리는 과정'으로 이해할 수 있다.[63] 결국 평화란 개인과 공동체, 그리고 지구와 생태, 우주적 차원의 생명을 아우르는 모든 차원에서 '사랑을 품은 정의를 실현하여 서로의 삶을 살리는 균형적인 관계 맺음의 과정'이라고 볼 수 있다. 이럴 때 인간은 일체의 폭력으로부터 벗어나 실질적인 생명을 살리는 동시에 정신적 · 심리적 · 영적으로 인간이 지닌 생명력과 관계성을 풍부하게 하여, 진정으로 좋은 '삶을 살리는' 평화를 만들어가며 향유할 수 있을 것이다.

---

63   손서정, 최준규, 「'삶을 살리는' 평화교육 모형 연구」, 『글로벌교육연구』 13(3), 2021, 11쪽.

03. 세속화론의 의의

데라바야시 오사무

1. 들어가는 말

존 레논의 명곡 〈이매진〉에 다음과 같은 가사가 있다. "상상해 봐, 나라가 없다고. 별로 어렵지 않지? 죽일 이유도, 죽을 이유도 없고, 또 종교도 없다고. 아무튼 상상해 봐, 모두가 그저 평화롭게 살고 있다고." 이것은 유치한 이상론일까.

전쟁과 관계가 깊은 사회 영역은 정치다. 특히 정치가 종교화될 때, 혹은 종교가 정치화될 때 전쟁과 정치와 종교의 친화성이 매우 높아진다. 거기서 중심적 역할을 하는 것은 국위선양을 앞세우는 내셔널리즘이며, 자민족 중심주의이다. 종교가 정치나 전쟁과 거리를 두기 위해서는 '종교의 세속화'(secularization)에 초점을 맞출 필요가 있다. 즉, 근대화에 따른 종교의 세속화는 종교의 개인주의화(individualization), 사사화(privatization)의 형태로 나타나는데, 그것이야말로 정치의 종교화나 종교의 정치화에 대한 반제(antithesis)가 될 수 있기 때문이다. 정치의 본질은 인간관계나 집단의 통제에 있다. 이 소론에서는 종교의 세속화 및 세계화의 전개에 주목함으로써 세속화론의 재평가를 시도하고자 한다.

2. 종교의 세속화 현상

20세기 후반의 일본을 포함한 구미 여러 나라에서, 종교사회학의 큰 주제는 '종교의 세속화'였고, 21세기의 큰 주제는 '종교의 세계화'이다. 20세기 세계 종교의 기본자세는 보편적 세계화였고, 오늘날에도 종교 본연의 자세는 개인들의 내적 신앙과 마음의 윤리(內心倫理)에 있으면서 동시에 세속적이기도 하다.

흔히 하는 말로 종교란 '개인의 안심입명(安心立命)' 추구를 목적으로 한다. 세속화에 따른 개인주의화와 사사화는 종교의 본질적 방향에 부합한다. 또 모든 세계 종교는 관용의 정신을 설파하면서 부차적으로는 사람들의 공존공영을 바란다. 그러나 현실적으로 종교는 일관되게 세속화와 세계화가 표리일체가 되다시피 하면서 존재해 왔다.

20세기 후반에는 세속화가 가시화되었고, 오늘날에는 세계화가 가시화되고 있다. 특히 가장 중요한 과제는 '글로벌 원리주의'이자 '글로벌 테러리즘'이다. 20세기 말 이후 세속화의 부수 현상이었던 사사화가 탈사사화로 변화하는 점에 주목할 필요가 있다.

전통 사회에서 근대사회로 이행하면서 종교의 역할이 크게 변화해 왔다. 전통적인 사회에서는 사람들의 생활이 전적으로 종교나 종교적인 것으로 뒤덮여 있었다. 근대사회에서는 정치, 경제, 교육, 과학기술, 문화 같은 영역이 종교 이상의 역할을 하고 있는 것이다.

세속화는 종교와 관련해 사회변동 전체를 포괄적으로 표시하는 개념이다. 본래 이 용어는 역사적 개념으로서 정치와 종교의 분리를 의미했다. 지역이나 시대의 다양성은 존재하지만, 점차 정치나 경제, 교육, 과학기술, 문화 같은 사회적인 사안들이 교회에서 해방되는 것을 가리키거나 근대화에 따른 종교의 사회적 기능이 쇠퇴하는 것을 의미하게 되었다. 세속화가 주목받은 것은 서구에서 성직에 지원하는 사람들이 감소하고 예전과 예배 참석률의 하락도 두드러져 기독교의 미래에 대한 위기의식이 스며들었기 때문이다.

3. 세속화 이론들

1960년대부터 1970년대에 걸쳐 서구 여러 나라에서는 세속화론이 활발하게 전개되었다. 신학자 하비 콕스(Harvey Cox), 사회학자이자 종교학자였던 토마스 루크만(Thomas Luckmann)과 피터 버거(Peter Berger), 브라이언 윌슨(Bryan Wilson) 등이 당시의 대표적인 세속화론자들이다. 그들의 공통점은 세속화에 의해 종교의 사회적 기능이 쇠퇴하고(종교의 특화와 합리화), 종교의 개인주의화나 사사화가 일반화된다고 보는 데 있다. 종교가 다양화하고 다원화하고 있다고 본 것이다.

1) 하비 콕스

이 가운데 하비 콕스는 1960년대부터 1970년대까지 이름을 날린 미국의 개신교 신학자이다. 1965년에 출판된 그의 주저 『세속도시』(The Secular City)는 본래 전미학생그리스도교연맹(全米学生キリスト教連)의 집회를 위한 텍스트로 집필되었다. 여기서는 근대화의 진전에 따른 도시화와 세속화의 관계를 중심으로 기독교 신학의 현대적 과제를 여실히 표명하고 있다. 이 저작이 출간되자 기독교계뿐만 아니라 세계적 반향이 일어나면서, 주요 주제인 세속화는 특히 종교사회학이나 종교철학 분야에서 일약 논쟁거리가 되었다.

1973년 간행된 『민중 종교의 시대』(The Seduction of The Spirit)에서 그는 신학사적으로 이야기나 기호로서의 종교에 대해 논하고, 민중의 종교를 언급하고 있다. 인간은 근대화, 특히 도시화로 인해 세속화한 어항 같은 '부족사회'의 구속성이나 억압성으로부터 개방된다고 논하고 있다.

콕스에 따르면, 세속화는 서구 국가들의 근대화 논쟁이나 세속화 논쟁 중에 기독교계에서 세운 한 정의이자 향후 신학적 전망을 보여주는 역사적 시각이다. 세속화는 줄곧 종교의 위기처럼 여겨져 왔지만, 콕스는 기독교 자체가 쇠미하고 쇠퇴하는 것이 아니라고 보았다. 세속화가 복음적 관점에서 긍정되어야 할 뿐만 아니라 촉진되어야 한다고 생각했다. 세속화에 따라 생활 전반이 개인주의화하고 사사화하는 경향이 강해지기에, 기독교인의 신앙의 실태도 의의도 변화한다. 즉, 세속화는 무의식적이고 즉자적인 종교의식을 의식적이고 대자적인 종교의식으로 전환시키는 계기라는 것이다. 세속화의 시대야말로 종교의 본래 모습과 진가가 발휘된다는 것이다. 콕스가 보건대 세속화는 인간의 홀로서기가 가능하도록 주어진 이름이기도 하다.

세속화라는 용어를, 굳이 가치판단하지 않아도 되는 역사적 과정에 대한 하나의 서술로 사용하는 경우가 있고, 역사를 세속화의 역사로 보면서 독자적인 신학적 견해로 사용하는 기독교인의 경우도 있다. 콕스는 이 가운데 후자에 속한다. 세속화를 대중화나 저속화를 뜻하는 세속주의(secularism)의 대립 개념으로 보는 것이다.[1]

2) 토마스 루크만

토마스 루크만은 오스트리아 출신의 사회학자 겸 종교학자

---

1   ハーヴィ・コックス, 『世俗都市』, 塩月賢太郎 訳(新教出版社, 1967) 参照. ハーヴィ・コックス, 『民衆宗教の時代』, 野村耕三, 武邦保 訳(新教出版社, 1978) 参照.

다. 현상학적 사회학의 기초를 닦은 독일의 알프레드 슈츠(Alfred Schutz)를 사사하며 독일과 미국에서 활약했다. 루크만의 현상학적 사회학의 입장은 상호주관의 차원에 모든 현실구성의 거점을 둔다는 이론적 시각을 가지고 종교의 사회적 성격을 논하는 것이다. 종래의 전통적인 실증주의 사회학의 방법론이 아니라, 경험적 · 객관적 데이터를 넘어 논리적 · 개념적으로 파악함으로써 어떤 인식에 도달하는 자세를 보이고 있다. 여기에는 다분히 지적이고 직관적인 요소가 포함된다.

1967년 출판된 루크만의 『보이지 않는 종교』(The Invisible Religion)는 서구 종교사회학에 충격을 주었다. 1983년에는 『보이지 않는 종교』의 속편으로 『현상학과 종교사회학』(Life-World and Social Realities)을 출판하였다.

루크만은 종교를 역사적 제도로서의 교회로부터 해방시켜, 새로운 종교 개념을 제시한다. 특정한 교회 지향형 종교가 아닌, 사회구조의 다양한 제도적 분화에 의해 생긴 개인의 영역에서 개인의 궁극적 의미체계에 따라 선택된 종교로 보는 것이다. 철학적 인간학의 입장에 따른 종교의 정의라고 할 수 있다. 루크만은 종교를 제도적 특수화로서의 종교에서, 사회적 형태를 넘어 근본적으로 개인화한 종교로 본다. 세속화를 종교의 단순한 쇠퇴가 아니라, 교회 지향형 종교(보이는 종교)에서 개인화한 종교(보이지 않는 종교)라는 새로운 형태로의 변화로 보는 것이다.

종교의 쇠퇴를 성직 지원자 비율, 세례자 비율, 예배 참석률 등의 양적 감소라는 현상 면에서만 논할 수는 없다. 근대화에 의한 자본주의적 산업화나 도시화는 생활양식에 변화를 일으켜 사람들의 신앙생활에도 큰 변화를 가져오고 있다. 철학적 종교 서적의 독서나 개인적 수양·명상이나 금욕적 생활 등의 행동은 '보이지 않는 종교'의 전형이다. 자기와 삶과 세계에 대한 궁극적 의미체계인 종교, 곧 자율적으로 구축된 사적 종교성이 신장되고 있는 것이다. 더욱이 루크만은 교회 이외의 종교 현상도 탐구하면서, 개인적 장소로서 종교를 강조하는 경향이 있다. 그에게 종교란 역사적·사회적 형태 이상의 것으로서, 개인에게 정체성을 부여하는 모든 객관적·윤리적 의미체계를 의미한다. 이것은 종교의 개념이 너무 넓고 깊어서 파악하기 어렵다는 비판을 받기도 한다.

어쨌든 '보이지 않는 종교'를 어떻게 파악할 것인가. '보이지 않는 종교' 현상으로 인해, 이전에 행해져 온 예배 출석률 같은 보이는 지표를 중시하는 종교의식 조사에 의지하는 방법이 근본적으로 문제시되기에 이르렀다.[2]

---

2   トーマス・ルックマン,『見えない宗教』, 赤沼憲昭, ヤン・スインゲドー
    訳(ヨルダン社, 1976) 参照; トーマス・ルックマン, デイヴィッド・リー
    ド,『現象学と宗教社会学』, 星川啓慈, 山中弘 訳(ヨルダン社, 1989) 参照.

3) 피터 버거

피터 버거는 오스트리아 출신의 사회학자 겸 종교학자이다. 루크만과 마찬가지로 1950년대에서 1960년대에 슈츠에게 사사하면서 큰 영향을 받았고, 주로 미국에서 활동했다. 스승인 슈츠의 입장은 주체적 의미 구성을 묻는 자아론적 성격이 강하다. 이에 대해서는 1970년에 출판된 『현상학적 사회학』(On Phenomenology and Social Relations)에서 상세하게 논의되고 있다.

루크만이나 버거는 슈츠의 입장을 근거로 해 주관적 의미의 객관화·현실화의 변증법적 형성의 해명을 시도했다. 사회현상의 객관화에도 주의를 기울였다. 버거가 1966년에 출판한 『일상세계의 구성』(The Social Construction of Reality)은 루크만과의 공저이며, 현상학적 사회학 분야의 이론서이다. 버거는 이 책으로 인해 단박에 현상학적 사회학자로 자리매김했다. 같은 시기인 1967년 간행된 『성스러운 천개』(The Sacred Canopy)는 앞에서 서술한 논지를 종교 현상에 대한 체계적이고 역사적인 분석에 응용한 책이다. 이 저작의 후반부에서 세속화론을 전개하고 있다.

버거에게 사회적 현실이란 사회적·공동적으로 구축되고 객체화된 의미의 세계이다. 이 세계를 '노모스'라고 부른다. 노모스 주변에는 카오스(혼돈)가 가로놓여 있다. '노모스'를 우주론까지 확대한 의미의 질서가 '코스모스'다. 이 '코스모스' 개념이 『성스러운 천개(天蓋)』라는 책 이름이 된 것이다. 그에 의하면, 종교란이 코스모스에 대한 상념이다.

코스모스는 전통적인 종교에 의해 구축되고 유지되어 온 현실세계에 초월적 의미를 부여하는 신화나 신학의 세계관이다. 버거에게 세속화란 신화나 신학의 종교적 세계관에 포섭되어 있던 사회와 문화의 여러 영역이 종교의 제도나 상징의 지배로부터 이탈하는 과정이다. 그 주요 원인은 근대화에 의한 자본주의적 산업화이다. 현대인은 자기와 삶과 세계를 종교적 해석의 혜택 없이 바라보게 되었다. 그러면서 신화나 신학의 세계관인 코스모스, 즉 성스러운 천개(天蓋)를 잃어버리고 있다. 버거는 그러한 현대인을 실존적 불안과 혼란의 상황에 놓여 고립감이 깊어지는 고향상실자라고 부른다. 1973년 출판된 『고향 상실자』(The Homeless Mind)는 버거의 근대화론이며, 현대인의 일상적 의식의 지식 사회학적 논고이다.

루크만과 버거에게 세속화는 현상적으로는 전통적 종교의 쇠퇴이자 종교가 마음의 윤리(內心倫理)가 되는 과정이다. 종교가 심화되거나 순화되기보다는, 단순한 취향이나 취미의 문제가 될 가능성도 지적하고 있다. 이것은 세속화의 개인주의화와 사사화의 양면성이다.[3]

---

3   アルフレッド・シュッツ, 森川眞規雄, 浜日出夫 訳,『現象学的社会学』(紀伊國屋書店, 1980) 参照; ピーター・バーガー, 薗田稔 訳,『聖なる天

4) 브라이언 윌슨

브라이언 윌슨은 영국 출신의 종교사회학자로서, 영국과 미국에서 활동했다. 특히 소수파 종교운동을 조사하면서, 섹트 연구로 세계적으로 유명해졌다. 섹트(sect)란 소수자로서의 주체성을 중시하는 봉쇄적인 결사적 종교집단이다. 여기서는 개인적·체험적 신앙의 신비적·주술적 의례를 중시한다. 윌슨은 당시의 미국의 사회학을 석권하고 있던 이론 우선의 기능주의적 사회학과는 차별적인, 현지 조사를 중시하는 실증적 종교사회학을 전개했다. 그 성과로 현실사회에 대한 태도를 기준으로 하는 섹트의 여러 하위 유형을 구축하여 다양한 신종교 운동 분석에 효과적인 이론적 틀을 제공하였다. 예를 들면, 퀘이커 교단을 연구하면서 섹트의 변용 과정을 혁명형→내향형→개혁형의 프로세스로 나타낸 바 있다. 또 회심형 섹트가 디노미네이션화(denomination, 자발적으로 성립된 종교의 교파)되는 경향을 밝혔다.

윌슨은 세속화론의 저명한 제창자 중 한 사람이다. 앞서 소개한 루크만과 버거는 종교가 근대화의 사회변동에 따라 모습을 바꾸어 현대사회와 미래 사회에서 '보이지 않는 종교'로 사람들에게 계속 작용한다고 한다. 이런 식으로 신앙생활에서 세속화의 의의

蓋』(新曜社, 1979) 参照; ピーター・バーガー, 高山真知子, 馬場伸也, 馬場恭子 訳,『故郷喪失者たち』(新曜社, 1977) 参照.

를 강조하는 데 비해, 윌슨은 현대 종교의 변용을 두 가지로 요약
한다. 전통적 종교는 쇠퇴하고 사회적 통합적 기능은 상실되어
가는 한편, 섹트가 많이 형성되어 간다는 것이다. 독립성이 강한
섹터리아니즘(sectarianism), 섹트적 종파주의의 발흥이다. 일찌기
처치(전통적인 기성의 정통 협회)나 섹트가 가지고 있던 사회통합
적 기능은 기대할 수 없고, 종교의 부흥이나 사회의 재편성에는
도움이 되지 않는다고 한다.

윌슨의 세속화론은 1976년 출판된 『현대 종교의 변용』
(Contemporary Transformation of Religion)과 1982년 출판된 『종교의
사회학』(Religion in Sociological Perspective)에서 자세히 논술되고 있
다. 전체적으로 세속화의 필연성을 비관적으로 강조하는 논조를
띠고 있다. 오래된 종교적 제도들이 그 사회적 의의를 상실하고
종종 특수한 형태의 종교적 섹트가 출현하게 된다는 것이다.

윌슨은 『종교의 사회학』의 끝에서 현대사회의 상황을 다음과
같이 논한다. 경제 문제, 정치 문제, 교육 문제, 가족관계 문제 등
모든 사회문제에 요구되는 해법은 비종교적이다. 그 비종교성은
계시나 영감이 아닌 합리적인 도리가, 카리스마적 행위나 전통적
행위가 아닌 시스템화되고 기계화된 조작이 어느 때보다 확대되
고 있는 공적 생활 영역에서 요청되고 있다. 그러나 합리적 질서
뒤에는 무엇인가를 찾는 인간의 불만이 도사리고 있다. 작은 공
동체에서 친근하게 인간애로 채워진 관계를 원한다. 섹트적 신종

교 집단이 요구되는 까닭이다.[4]

4. 세속화론 비판

세속화론의 전개와 병행하여 '근대화→세속화→종교의 쇠퇴'
라고 간략히 정리한 인과관계에 대해서는 구미의 종교사회학자
를 중심으로 비판이나 반론이 높다. 1970년대 후반부터 일본을
포함한 구미에서 종교 의식이나 종교 행동의 조사 결과는 전후
계속되고 있던 탈종교적 경향이 종교적 경향으로 반전되고 있음
을 보여주고 있다.

일본에서는 오일쇼크(1973) 이후 수많은 종교 교단이 탄생했
다. 또한 이 시기에 교세를 현저하게 확대시킨 종교 교단도 많이
나타났다. 종교나 '정신세계'에 관한 서적이 다수 출판되어 영화
나 애니메이션, TV 프로그램에서 오컬트 류의 유행을 볼 수 있었
다. 또 첫 참배나 합격 기원, 미즈코 공양(水子供養), 축제 같은 신
사나 사원의 참배도 1970년대 후반부터 융성해진다. 인간의 정신

---

4 ブライアン・ウィルソン, 『現代宗教の変容』, 井門富二夫, 中野毅 訳(ヨ
   ルダン社, 1979) 参照; ブライアン・ウィルソン, 『宗教の社会学』, 中野
   毅, 栗原淑江 訳(法政大学出版局, 2002) 参照.

성에 관련된 관심이 고조되어 온 것이다.

그것은 사회나 문화에 의해 억압되고 간과된 본래의 자기를, 종교 의례나 여러 가지 자기 수양적 행위인 참선이나 명상이나 치유의 기법에 의해서 되찾는 것이다. 전통적 불교 교단이나 신도에서 파생된 신종교나 영혼의 존재나 교주의 초능력이나 주술을 취지로 하는 신종교에 입신하는 신자가 현저하게 증가하였다. 종교 붐이니 종교 회귀 현상이니 하는 말을 듣는 까닭이다.

세속화론의 본가인 미국에서는 1980년대 이후 펀더멘털리즘(fundamentalism, 근본주의)으로 상징되는 종교 회귀 현상이 많이 나타났다. 미국의 펀더멘털리즘은 100년 이상의 전통을 거치며 성쇠를 거듭해 왔다. 세기말에는 융성기에 접어들었다.

1) 뉴에이지 운동

한편 신영성운동이라고도 할 수 있는 뉴에이지 운동(New Age Movement)은 구미, 특히 미국에서 1970년대 이후에 확산된 사회·문화 운동으로서, 다양한 신념이나 실천의 총칭이다. 원류는 1960년대 히피문화와 민권운동, 베트남 반전운동에 있다. 그 흐름에 이어, 고도의 자본주의적 산업화에 의한 환경파괴나 관리사회화를 진행시키는 사회 체제 측의 가치나 규범에 이의를 제기하는 젊은이들 사이에 퍼진 일종의 대항-문화 운동이다. 그중에서도 인간에게 내재하는 영성을 중시해, 의식 변용을 사회변혁으로 연결하려고 한다. 이러한 반체제적 운동에서 다양한 뉴에이지 운동이 주목받게 된다. '뉴에이지' 운동에서 '스피리추얼'로의 전개는 보수적인 기독교 신자들의 비판의 대상이 된다. 세기말에 걸쳐 신자유주의가 충동한 고도 소비사회화나 정보사회화에서 점차 개인화된 종교적 관심으로 이어지고, '자신 찾기'나 '자기실현', '힐링' 같은 욕구 충족적 경향을 강화해 간다.

2) 펀더멘털리즘

냉전 체제의 붕괴 후, 개발도상국이나 이슬람 사회, 민족 분쟁지역 등에서는 종교적 이데올로기의 정치화가 현저하다. 사람들은 민족이나 역사나 종교 같은 가치에 기대어 자신의 삶의 방향이나 거처를 찾으려 한다. 미국에서는 전통적인 개신교를 중심으로 한 리버럴 처치에서 부흥 현상은 나타나지 않지만, 초보수적인 복음파나 펀더멘털리즘은 세력을 떨친다.

애당초 뉴에이지 운동의 배경에 있던 펀더멘털리즘은 정치적·경제적인 폐색 상황에서 기인하는 불투명한 미래와 가치관의 다양화를 반영하고 있다. 구체적으로는 리버럴한 정책의 지나침이나 윤리 도덕의 저하, 가족의 붕괴 상황이 놓여 있다.

사회적으로 어떤 소외를 느끼고 있는 사람들이 성경에서 절대적 가치를 찾고 성경을 문구대로 문자적으로 좁게 해석하며 성경에 매달리려 한다. 이것이 진실이고 옳은 일이며 좋은 일이라고 분명히 보여주는 교회나 성직자의 가르침을 충실히 따른다. 세속적 휴머니즘이나 리버럴리즘이야말로 꺼림칙한 현상이다. 여기서는 진화론과 낙태, 동성애가 혹독하게 비판받고 부정된다.

3) 세속화론과 종교부흥 현상

구미나 일본에서 1970년대 중반부터 세기말에 걸쳐 어떤 새로움을 지닌 종교 회귀 현상이 나타난 것은 확실하다. 탈세속화론과 재성화론이 갑자기 커지면서 세속화론의 탈신화화가 거론되었다. 그러나 앞서 언급한 세속화론이 부정된 것은 아니다. 종교의 사회통합적 기능의 쇠퇴와 종교의 개인주의화 및 사사화로 인해 세기말부터 현대로 이어지는 종교 현상의 혼란이 발생하고 있다. 이러한 착종(錯綜)은 종교 교단이나 신앙인에게 세 가지 반응이 나타났기 때문이다. 그 세 가지란 종교 교단이나 신앙인이 세속화에 대해 잘 대응해 나가고자 하는 경우, 세속화를 극복하고 넘어가고자 하는 경우, 혹은 한층 더 전통적 종교로 회귀해 가고자 하는 경우이다.

세기말부터 현대에 이르는 미국에서 펀더멘털리즘은 결코 다수파가 아니라 소수파에 머무르고 있다. 다수파인 리버럴 처치에서는 펀더멘털리즘에 대한 비판이 높아지고 있다. 일본을 포함한 서구에서는 금세기 들어 종교 회귀 현상이 종식되는 경향이 나타나고 있다. 반대로 이슬람 세계를 비롯한 제3세계에서는 종교 부흥 현상이 고조된다.

1979년 이란의 이슬람혁명 이후 비서구 세계에서는 전통적 종교로의 회귀 현상이 나타나고 있다. 원리주의의 전형인 이슬람 과격파가 활동을 활발히 하면서 테러를 일으키고 있다. 특히 중동에서 동남아, 그리고 유럽을 중심으로 빈발하고 있다. 1975년경까지만 해도 사망자가 100명이 넘는 테러는 거의 없었다. 1980년경부터 이슬람 과격파에 의한 테러가 서서히 증가했다. 2000년까지 25년간 사망자가 100명을 넘긴 테러는 10건 정도다. 크고작은 사건들을 합하면 50건 정도 일어났다. 2001년 9월 11일의 동시다발 테러에서는 사망자가 3,000명 이상, 부상자는 약 25,000명을 헤아린다. 모두 역대 최고이다. 글로벌 테러리즘의 전형이다. 2001년 이후 지금까지 사망자가 100명이 넘는 테러는 22건을 헤아린다. 크고 작은 것을 합하면 140건 이상 일어났다. 2000년 이후의 테러의 90% 이상을 차지하는 것이 이슬람 과격파에 의한 것이다. 글로벌 근본주의는 글로벌 테러리즘으로 확대되고 있다. 테러리즘은 반드시 전면 부정되기만 하는 것은 아니다. 도리어 체제 전환의 계기가 되는 경우도 있다(위키피디아, '테러사건 목록' 참조).

이슬람 사회는 신자유주의적 경제의 세계화로 최대의 피해를 입고 있다. 그런 배경에서 정치적 이슬람주의 운동이 과격해지는 상황에 처했다. 글로벌 세계에서는 더 이상 근대의 자본주의적 산업화나 과학적 합리주의로 인해 종교가 단순히 쇠퇴한다고 볼 수 없다. 오늘날에는 세계의 네트워크화에 의해 세속화론의 개인주의화나 사사화와는 정반대의 움직임이 현저해지고 있다. 이슬람주의는 아랍내셔널리즘에도 민족주의에도 연결된다. 힌두주의도 마찬가지다. 일본에서는 국가신도를 상기시키는 자민당 중심의 신도정치연맹이나 일본회의가 보수주의 이데올로기를 구현하고 있다.

5. 또 다른 세속화 연구자들

지난 세기부터 금세기에 걸쳐 정도의 차이는 있지만, 근대화론의 하나로서 세속화를 논하는 이들이 있다. 저명한 사회학자 겸 철학자인 호세 카사노바(Jose Casanova)와 위르겐 하버마스(Jürgen Habermas), 찰스 테일러(Chales Taylor), 울리히 벡(Ulrich Beck) 등이 그들이다.

1) 호세 카사노바
호세 카사노바는 스페인 출신으로 오스트리아와 미국에서 활동한 현대의 대표적 종교사회학자이다. 카사노바는 『근대세계의 공공종교』(Public Religions in the Modern World, 1994)에서 세속화론을 훌륭하게 정리하고 있다. 여기서는 세속화론에 포함되는 세 명제를 구별하고 있는데, 세속적 기능이 분화되어 간다는 의미의 세속화, 종교가 쇠퇴해 간다는 의미의 세속화, 종교가 점점 사사화된다는 의미의 세속화이다. 첫째는 유효·타당한 데 비해, 둘째와 셋째는 반드시 현실의 사회현상에 부합하는 것은 아니라는 것이다.

카사노바에게 1980년대는 특기할 만한 시대다. 1980년대를 통해 전 세계 정치적 항쟁의 배후에 종교가 있는 것으로 보인다. 유대교, 기독교, 이슬람의 내부에 있는 원리주의끼리 충돌했다. 여러 세계에 속한 종교끼리, 그리고 그 내부의 분파끼리 반목이 이어졌고, 북아일랜드, 유고슬라비아, 인도, 구 소비에트연방에 걸쳐서 다시 불이 붙었다. 종교적 활동가와 교회는 해방과 데모크라시를 요구하는 투쟁에 관여하게 되었다. 남미발 해방신학은 아프리카와 아시아의 흑인 해방과 페미니즘 운동으로 이어진다. 붕괴된 사회주의의 대체물로서의 활동이라고 할 수 있다. 이런 식으로 정치의 종교화와 종교의 정치화가 단번에 진행되었다.

1979년 이슬람 혁명, 이란과 니카라과의 혁명, 로메로 대주교의 암살, 호메이니의 사망, 동유럽에 폴란드 민주화운동의 연대가 끼친 영향, 고르바초프의 교황 방문, 헝가리의 개혁파 목사로부터 시작된 루마니아 혁명, 소련의 붕괴에 이은 10년 동안, 종교적으로 야누스적인 양면성을 보여주었다. 이 양면성은 배타적이고 특수주의적이며 원시적인 정체성의 담지자의 얼굴과, 포괄적이고 보편적이고 초월적인 정체성의 담지자의 얼굴이다. 과격한 종교 부흥운동인 원리주의의 대두와 피억압자의 저항운동 등은 무력한 자의 대두를 알리는 신호가 되었다.

그러나 카사노바에 따르면, 세속화나 종교부흥 주기론에서 보면 종교적 전통 자체가 오히려 재활성화되면서 공적 역할을 맡게 된 것에 불과하다. 대규모 정치적 반란을 고무할 활력을 갖고 있는 것은 아니다. 전 세계 종교 전통들도 근대화론이나 세속화론에 적합한 역할을 거부하고 있다. 그러나 카사노바는 본질적으로 종교적 사회운동 중에는 국가나 시장경제의 법질서와 자율성에 이의를 제기하는 일들이 나타나고 있다고 본다. 그는 개인의 종교적, 도덕적 영역의 재정치화와 경제 및 정치적 영역의 재규범화를 종교의 탈사사화라고 한다. 세계 종교 전통에서 종교는 사적인 영역에 한정되어야 한다고 여겨져 왔지만, 1980년 이후의 세계 종교에 있어서는 세속화론이 말하는 '사사화'가 아니라 '탈사사화'로 보아야 한다는 것이다.

게다가 카사노바가 언급하는 것은 근대화나 세속화에서 나타나는 '공공종교'이다. 그는 1980년 이후 종교가 공적 영역으로 재등장해 왔다고 강조한다. 세속화론에서 말하는 종교의 쇠퇴가 아닌, 지구화 추세 속에서 종교의 부흥이 이뤄지고 있다는 것이다.

예를 들면, 미국의 가톨릭은 사적 종파(디노미네이션)에서 공적 자기주장을 하는 종파로 변모해 오고 있다. 개신교뿐만 아니라, 미국, 스페인, 폴란드, 브라질 등의 가톨릭 사례 연구를 통해 다양한 공공종교의 존재에 대해 논한다. 종교가 국가와 연결되지 않는 형태로 '재공공화', '재정치화'되고 있는 실상이 세기말에 걸쳐 세계 각지에서 눈에 띈다. 종교는 쉽사리 개인적이고 사적인 영역에 갇히지 않는다. 종교의 영향을 받은 사회운동이 활발해지고, 특히 민주화에 성공한 나라들에서는 가톨릭 신자가 다수를 차지하고 있다. 근대화에 따른 세속화로 인해 여러 사회적 기능의 분화는 피하기 어렵지만, 세속화론에 부합하지 않는 현상도 많다. 그렇게 카사노바는 근대화=세속화라고 하는 테제에 대한 재검토를 촉구했다.[5]

2) 위르겐 하버마스

위르겐 하버마스는 프랑크푸르트학파의 제2세대를 대표하는 사회학자 겸 철학자이다. 프랑스의 자크 데리다(Jacques Derrida)와 함께 세기말에서 금세기에 이르는 구미 사상계를 대표하는 학자이다. 이들의 논고에서는 타자를 타자로 받아들이고 상호 평

---

5   ホセ・カサノヴァ, 『近代世界の公共宗教』, 津城寛文 訳(筑摩書房, 2021) 参照.

등한 대화를 통한 합리성의 실현과 진정한 질서를 희구한다고 평이하게 요약할 수 있다. 이들은 그 속에서 정치, 경제, 교육, 종교, 과학기술, 문화 같은 문제들을 다시 살펴보려는 철학적 사유를 전개한다. 후기의 하버마스에는 종교에 대한 관심의 강도가 엿보인다.

2004년 1월 뮌헨에서 훗날 베네딕토 16세 이름으로 교황이 된 요제프 라칭거 추기경과의 대화에서 하버마스가 했던 언설은 주목할 만하다. 철학과 종교에서 대표적인 두 사람의 언설은 종교를 정치사회 속에서 정당하게 자리매김할 필요성이 드러난 현대의 상징적 대화이다. 자유로운 국가가 지닌 정치 이전의 도덕적 기반까지 언급하고 있다. 2005년 간행된 두 사람의 대화 주제인 『포스트 세속화 시대의 철학과 종교』(Dialektik der Sakularisierung)에서 보면, 하버마스는 포스트 세속화론자로 해야 할지도 모른다. 그러나 전체적으로는 세속화론을 포함한 근대화론의 일환이기는 하다.

하버마스는 종교의 시대가 끝났다거나 종교의 언설은 무의미하다고 전혀 생각하지 않는다. 종교 텍스트에는 계몽적 이성이 배워야 할 것이 충분히 있다. 계몽적 이성이란 전통적 권위나 제도에 대해서 인간의 이성을 바탕으로 종교, 정치, 경제, 교육 등의 개혁을 통해 인간 생활의 진보와 개선을 추진하는 것이다. 종교만 폭력에 대한 비판의 가능성이 있는 것은 아니다. 생활세계에 대한 자유로운 대화와 논의의 테두리 안에서 종교에 대해서도 중요한 의미를 인정하고 있다.

하버마스는 종교가 현실 세계에 대해 비판적일 가능성을 인정하고 있지만, 어디까지나 하나의 원천 차원에서다. 근대화된 사회에서 성립된 탈종교적 일상생활의 문화나 대화나 논의에서, 민주주의적 정치참여의 요구에서, 무엇보다 그 투명성의 요구에서, 근대적 시스템의 폭주에 대한 비판의 가능성을 보고 있다.

가톨릭교회도 하버마스적 결합의 귀결인 대화와 논의가 만들어 내는 규범성의 상당 부분은 언젠가 수용할 것이다. 일정한 조건 하의 임신중절이나 동성애자 간의 결혼이 세계 각지의 가톨릭 신자들의 움직임과 세계화되는 정치 경제에서 종파화(디노미네이션)하고 있는 종교의식과 근본주의적 종교집단과 얼마나 긴장 관계를 만들지는 불확정적 요소라고 한다.

오히려 국가나 사회가 경직되지 않으려면 공공권의 정치나 경제 시스템에 대한 생활세계의 비판이 필요하다. 어쨌든 하버마스는 서구식 정교분리가 작동하고 있음을 전제로 민주주의 사회와 종교의 공생을 논한다. 정치적 의사결정에 다양한 종교의 신자들이 어떻게 관여하는지, 어디까지나 공공권에서 개개인의 주체적

인 대화와 논의의 활성화를 강조하고 있다.[6]

3) 찰스 테일러

찰스 테일러는 캐나다 출신의 사회철학자 겸 정치철학자다. 공동체주의(communitarinism)의 이론가로서 세계적으로 유명하다. 2004년 간행된 주요 저서 『근대—상상된 사회의 계보』(Modern Social Imaginaries)는 근대의 핵심에 있는 사회의 도덕 질서에 대한 새로운 사고가 사회적 상상으로서 어떻게 전체 사회에까지 침투했는지, 그 근대의 다양성의 형성 과정에 대해 논한다.

근대화를 통한 세속화의 개인주의화와 사사화가 이루어지기 위해서는 국민국가의 법질서에 따라 인민주권의 성립을 기반으로 도덕 질서가 형성되어 있음이 전제된다. 테일러는 그 역사적 과정을 논한 뒤 종교에 대해 언급한다. 전근대에서 근대로 전환하고, 정치가 존재적인 차원에 머문 채 종교에 의존하고 있던 상태에서 해방되어 신앙과 불신앙이 함께 선택지로서 양립할 수 있게 되었다. 근대화에 따른 세속화로 공공 생활 속에 종교를 위한 새로운 공간이 열린다.

세속적인 현대세계에서 신이나 종교가 공적 공간에서 사라진

6　ユルゲン・ハーバーマス, ヨーゼフ・ラッツインガー, 『ポスト世俗化時代の哲学と宗教』, 三島健一 訳(岩波書店, 2007) 参照.

것이 아니다. 오히려 특정 개인이나 집단의 정체성의 중심적 위치를 차지하고 있다. 그것은 정치적 정체성의 결정적 요소이기도 하다. 정치적 정체성은 특정 종파에 대한 충성심에서 분명히 분리하는 것이 현명할지도 모른다. 종교가 온갖 시민생활에서 중요하다면 정교분리의 원칙은 재검토될 필요가 있다. 정치적 정체성이 특정 종교에 의해 침해될 수 있기 때문이다. 형성되어 온 근대 자신의 본질을 종교와의 관계에서 되묻는 것은 근대가 직면하는 문제에 진지하게 대응하는 일이 될 것이다. 모종의 내셔널리즘에서 보듯이, 공공 공간에 종교적 계기가 파고들 여지는 항상 있다. 신앙이 개인화되면서 오히려 종교가 공공 공간에 파고든다는 역설에 주목할 필요가 있다. 이 점에 최대한의 무게를 두고 근대의 정치를 파악한다. 이것이 테일러가 제기하는 주요 논점이다.[7]

4) 울리히 벡

울리히 벡은 독일의 사회학자다. 벡의 주저로 2008년 출판된 『자기 자신의 신』(Der Eigene Gott)은 일본어 번역서에서 『나만의 신』이라는 제목으로 출판되었다.

벡을 세계적으로 저명한 사회학자로 만든 것은 '위험(risk) 사회

7　チャールズ・テイラー, 『近代―想像された社会の系譜』, 上野成利 訳 (岩波書店, 2022) 参照.

론'이다. 20세기 후반에 근대화를 추진한 과학기술의 발전과 현저한 자본주의적 산업화는 의도하지 않은 부차적 결과로서 생태계의 파괴나 실업문제 등의 경제적 격차의 글로벌화를 가져와 늘 제어하기 어려운 리스크를 만들어 간다. 현실의 실상이야말로 위험 자체이다. 근대화가 근대화를 무너뜨려 가는 재귀적 근대화인 것이다. 『나만의 신』에서는 리스크화하는 세계 속에서 '글로벌 액터'(global actor)로서의 종교의 가능성을 논한다.

냉전 종식 후의 글로벌 자본주의의 산업화가 확대되는 가운데, 세계 각지에서 종교로의 회귀 현상을 볼 수 있다. 재활성화 조짐은 새로운 마찰과 분쟁의 불씨가 되고 있다. 서구 국가에서는 기독교로부터의 이탈이 진행되고 있지만, 아프리카에서는 전무후무한 기세로 신자 수가 증가하고 있다. 또 서구의 종교 분포에서 이슬람의 비율이 급속히 증가하고 있다. 근대화에 따른 세속화로 사회의 탈종교화는 자명하게 여겨졌지만, 현실에서 근대화와 세속화의 관계는 매우 복잡하고 다양한 것으로 인식되게 되었다. 이것이 21세기 들어 포스트 세속화의 시대가 얘기되는 이유이다.

벡은 '리스크 사회론'과 '재귀적 근대화론', 나아가 '세계화론'에 '코스모폴리탄화론'을 연결함으로써, 더 보편적인 사회변동론의 구축을 목표로 한다. 그리고 세계 종교의 코스모폴리탄화와 신앙의 개인주의화를 중첩시켜 '자기 자신의 신'이라는 키워드를 가지고 금세기의 종교 회귀 현상을 읽어 낸다.

종교는 그 잠재적 폭력성을 억제하고 세계 평화에 기여할 수 있을까. 벡은 전쟁과 폭력의 사이에 있는 종교, 위험화하는 세계 속에서 글로벌 액터로서의 종교 역할의 중요성을 강조한다. 세계화의 귀결인 코스모폴리탄화를 가지고 어떤 종교에 대해서도 용인될 수 있는 가능성을 제시한다. 세속화론이 애초부터 주장했던 세계 종교의 사회적 갈등을 제어할 수 있는 개인주의적 관용의 정신을 개개인이 자각함으로써, 말하자면 세계 종교의 초월적 틀에서 내재적 틀로 전환하는 쪽으로 향후 종교의 가능성을 찾고 있다. 대문자 종교가 아니라 소문자 종교, 제도나 조직의 종교가 아니라 개개인의 신앙심에 의한 종교, 즉 종교의 본래 모습을 되찾는 것이야말로 종교가 세계 평화에 공헌할 수 있는 가능성을 내포하고 있다는 것이다. 매우 어려운 상황이지만, 위기의식이 있는 곳에 희망도 있다.[8]

번역 / 가미야마 미나코 · 이찬수

---

8   ウルリッヒ・ベック,『私だけの宗教』, 鈴木直 訳(岩波書店, 2011) 参照.

04. 종교의 평화사상이 한반도 평화교육에 주는 함의[*]

차승주

* 이 글은 차승주, 「종교의 평화사상이 한반도 평화교육에 주는 함의」, 『인문사회 21』 13(4), 2022, 3257-3271쪽에 실린 논문을 수정·보완한 것이다.

1. 들어가는 말

70년 넘게 지속되고 있는 남북한 간의 복잡다단한 문제들은 '통일'이라는 국내적 · 민족적 관점에서뿐만 아니라 '평화'라는 국제 · 세계적 관점에서 해결을 모색할 수도 있다. 평화를 최우선 가치로 추구한다고 표명했던 문재인 정부의 한반도정책의 영향으로 지난 몇 년간, 특히 문재인 정부 시기(2017-2022)에 '평화'는 한국 사회의 중요한 화두로 등장하였다. 이러한 흐름을 반영하듯 교육 분야에서도 평화교육에 대한 관심이 높아졌다. 이는 통일교육에도 영향을 미쳤는데, 통일부 국립통일교육원에서 2018년에 발간한 『평화 · 통일교육 방향과 관점』에서 통일교육 앞에 '평화'가 결합한 이래 '평화 · 통일교육'의 형태가 학교와 사회교육을 망라하여 급속도로 확산되었다.

그러나 '평화 · 통일교육'이 교육 현장에서 제대로 구현되기도 전에 통일교육의 성격과 방향은 또다시 큰 변화를 겪게 된다. 윤석열 정부의 통일교육에 대한 인식 변화 때문이다. 통일부는 윤석열 정부 출범 이후 2023년 3월에 통일교육 지침서인 『2023 통일교육 기본방향』을 발간했다. '평화'라는 단어가 빠진 것이 가장 눈에 띄는 변화라고 할 수 있다. 문재인 정부 시절 '평화'를 강조하던 정부의 통일교육이 앞으로는 '자유민주주의'와 '인권'[1]에 더 초점을 맞추게 되었다.

이같이 정도의 차이는 있으나 통일교육의 성격과 방향, 내용과 방법 등은 5년마다 바뀌는 정권의 대북 및 통일정책에 따라서 크게 영향을 받아 왔다. 이에 따라 교육 현장에 혼란을 초래할 뿐만 아니라 통일교육이 오히려 남남갈등을 유발하는 요인이 되기도 했다. 학교 및 사회의 교육 현장에서 통일교육이 점점 외면 받당하고, 통일에 관한 국민들의 무관심과 부정적인 인식이 커지고 있는 상황 또한 이러한 이유와 무관하지 않다.

이러한 상황에서 필자는 '적극적 평화' 개념에 입각한 평화교육이 대안적 통일교육으로 요청된다고 주장하는 바이다. 요한 갈퉁 (Johan Galtung)은 평화의 개념을 논하면서, '직접적 폭력의 부재'를 '소극적 평화'라고 하고, 이에 반해 전쟁이나 폭력을 발생시키는 근본 원인들이 해소된 상태로 조화, 통합, 포용, 다양성 등이

---

1   이때의 인권은 주로 북한 인권을 의미한다. 한국의 통일교육에서 다루는 인권 관련 내용은 대부분 북한의 인권 침해 실태 또는 열악한 북한의 인권 상황에 초점을 맞추고 있다.

발현되는 상태를 '적극적 평화'라고 하였다.[2] 향후 한국의 통일교육은 '적극적 평화'에 기반한 평화교육에 초점을 맞추어야 할 것이다. 평화교육은 한반도의 구성원들에게 오랜 분단으로 인해 야기된 여러 층위의 갈등과 폭력을 평화적으로 해결하고 나아가 한반도에 평화와 통일을 구현할 역량을 키워줄 수 있는 가장 기본적이고도 효과적인 방법이기 때문이다. 대안적 통일교육으로 평화교육을 좀 더 적극적으로 지향하고 실시한다면 사회 구성원들의 평화 역량을 제고하여 사회 전반에 진정한 평화의 문화를 형성하고, 이를 토대로 한반도에 화합과 통합의 기반이 더욱 공고히 마련될 수 있을 것이라 기대한다.

그런데 평화교육의 개념과 성격은 다양하고, 구체적인 실천 형태 역시 사회마다 다양한 양상으로 전개되어 왔다. 한국에서는 1980년대부터 평화교육이 연구되기 시작하여 현재 양적 · 질적으로 비약적인 발전을 이루었으나 여전히 외국의 이론이나 사상, 방법이나 사례에 의존하는 경우가 많다. 따라서 '한반도 평화교육' 이론과 모델의 개발이 필요하다. 이를 위해 무엇보다 '한반도 평화교육'의 사상적 토대를 마련하는 것이 필요하다. 그 일환으로 평화를 강조하고 평화를 구현하는 데에 중요한 역할을 하는 종교

---

2   서보혁, 강혁민, 『평화개념연구』, 서울: 모시는사람들, 2022, 33쪽.

의 평화사상을 살펴보는 것은 의미 있는 첫걸음이 될 것이다.

이에 이 장에서는 '한반도 평화교육'을 위한 사상·문화적 기초를 한반도, 특히 한국 사회 구성원들의 사고와 삶에 많은 영향을 미친 유교, 불교, 그리스도교의 종교적 전통 속에서 찾아볼 것이다. 또한 실제로 갈등과 분쟁으로 고통받고 있는 세계 여러 지역에서 평화교육을 통해 평화의 문화를 만들어내고 평화를 정착시키고 있는 종교계의 노력을 살펴볼 것이다. 평화에 관한 주요 종교의 사상과 가르침이 '한반도 평화교육'의 이론적·사상적 기반이 될 수 있을 것이라 기대하며 종교의 평화사상과 종교계의 평화교육 실천 사례들을 통해 '한반도 평화교육'의 방향과 과제를 고찰해 보고자 한다.

2. 유교 및 도교에서 찾는 평화교육의 사상·문화적 토대

유교는 기본적으로 평화의 가치를 강조하는 사회철학이다. 유교사상에서 평화는 화평(和平)을 말한다. 화평이란 천지만물과 더불어 일체가 되는 것이다.[3] 공자에 의하면 평화란 안녕과 질서

---

3   김국현, 『통일교육의 새로운 패러다임』, 고양: 인간사랑, 2004, 339쪽.

를 요청하는데, 안녕이란 생명의 존엄성을 바탕으로 인간 생존의
기초적 요구를 충족하고 보장하며 인간으로서의 교양과 품위를
성취하는 일이다. 또한 인권과 인격을 저해하고 파괴하는 반인간
적, 반생명적 행위에 대해서는 이를 거부하는 일이다. 이는 인도
(仁道)의 발양이요, 정의의 실현과 다르지 않다.[4]

유교의 평화적 지향은 대동사회의 이상에서 잘 드러난다고 볼
수 있다. 대동사회의 이상은 기본적으로 더불어 사는 원리에 대
한 강조이다. 사회적 약자들의 아픔이 우선적으로 배려 받고, 평
범한 사람들의 소소한 요구도 충분히 수용되어 모두가 바로 그
자리에서 행복한 삶을 영위할 수 있는 것이 유교에서 지향하는
평화로운 이상사회의 모습이다.[5]

또한 유교에서는 수신을 이룬 개인이 정치를 통하여 더불어 잘
사는 사회를 이루기 위해 노력하는 과정을 중시했다. 그리고 이
를 위해 교육을 강조하였는데, 교육은 공동체 유지를 위한 기본
전제였다. 유교에서 교육은 수신(修身)에서 시작하여 평천하(平天
下)에 이르는 과정으로 구성된다. 천하가 태평해지는 것은 모든
사람이 행복하게 사는 사회를 이루는 것을 말한다. 공자가 말한

---

4   이동준, 「유교의 인도 정신과 평화사상」, 서울평화교육센터 편, 『평화,
     평화교육의 종교적 이해』, 서울: 내일을 여는 책, 1995, 199쪽.
5   권정안, 「유학에서 풍요와 평화의 의미」, 『한문고전연구』 30, 2015, 392쪽.

인(仁)이나 맹자가 말한 의(義), 순자가 말한 예(禮)에 이르기까지 유가에서 언급한 수많은 덕목은 인간이 다른 사람과 더불어 사는 데 있어 가장 중요한 것이 무엇인가를 밝힌 것이다.[6] 특히 유교에서는 인간을 자연의 일부로 간주하여 자연과의 조화로운 공존과 상생을 강조하는데 이는 오늘날 생태·환경교육에 많은 시사를 줄 수 있다.

3. 불교에서 찾는 평화교육의 사상·문화적 토대

불교의 평화는 무아를 기반으로 한 무차별적 사랑에 근거한다. 이 무아의 실천은 자비로 나타나는데, 그 구체적인 실천을 '팔정도'(八正道)에서 찾아볼 수 있다. 이는 바른 견해(正見), 올바른 사고방식과 마음가짐(正思惟), 바른 언어(正語), 올바른 신체적 행위(正業), 바른 생활(正命), 올바른 노력과 용기(正精進), 올바른 기억과 생각(正念), 바른 집중과 명상(正定)을 의미한다.

자비심으로 팔정도를 따를 때 자신뿐만 아니라 타인의 평화와 행복을 실현할 수 있으며 크고 작은 갈등과 분쟁도 최소화할 수

---

6   장승희, 『유교와 도덕교육의 만남』, 제주: 제주대학교출판부, 2014, 362-366쪽.

있다. 이러한 불교의 평화관은 '비폭력'과 '불살생'(不殺生)의 개념으로도 설명할 수 있다. 이러한 비폭력을 통해 폭력과 갈등의 악순환을 끊고 관계를 변화시켜 평화로 나아갈 수 있다. 이 과정에서 필수적으로 요청되는 덕목이자 실천이 바로 자비(慈悲)이다.

또한 불교에서 말하는 진정한 평화와 자유의 경지는 열반의 상태다. 이는 모든 집착으로부터 벗어나 자유롭고 평화로운 상태이다. 이러한 상태를 다른 말로 표현하면 해탈(解脫)이 된다. 이러한 의미에서 평화는 개개인이 바른 견해를 지니고 지혜와 자비를 발휘하여 모든 차원에서 절대 평등을 실현해 가는 과정에서 이루어지는 것이다. 이와 같은 불교적 입장에서 평화교육은 지혜를 갖추게 하는 교육이며, 성찰을 통해 이분법적 사고방식에서 벗어나게 하는 교육과 다르지 않다.[7]

특히 불교에서 마음공부의 방법으로서 '남을 위해 살면 보살이요, 자기를 위해 살면 중생'이라는 명제로 제시되고 있는 자비행(慈悲行)은 그 자체로 평화교육의 실천적 방법으로서의 의미가 된다. 아직 도덕적 판단 능력이 성숙하지 못한 아동들에게는 말할 것도 없고, 청소년이나 어른들에게 다양한 방식으로 자비행을 할 수 있는 기회를 제공할 수 있게 된다면, 마음자리가 넓혀진 보살

---

7   박선영, 「불교와 평화교육」, 서울평화교육센터 편, 『평화, 평화교육의 종교적 이해』, 서울: 내일을여는책, 1995, 65, 80, 117-118, 124-126쪽.

같은 사람들을 만날 수 있는 기회가 그만큼 늘어나는 사회가 가능해질 것이다.

4. 그리스도교에서 찾는 평화교육의 사상 · 문화적 토대

평화는 그리스도교의 핵심 주제이며 신앙인이 추구하는 구원의 실현과 맞닿아 있다. 구약성경에서 평화는 히브리말 '샬롬'으로 표현되며 230번 이상 등장한다. 샬롬은 인간, 민족, 가족, 공동체 등이 손상되지 않고 온전하고 완전하며 안전하게 존재하는 것을 뜻한다. 구약성경에 나타난 평화는 "단순히 전쟁이 없는 상태를 훨씬 넘어서서 생명의 충만함"이고 "하느님께서 모든 인간에게 주시는 가장 큰 선물의 하나"이며 또한 "하느님 계획에 대한 순종을 내포"하고 있으며 하느님께서 내려 주시는 "축복의 결과"이다. 따라서 하느님의 선물인 평화는 "풍요와 안녕과 번영과 마음의 안정 그리고 충만한 기쁨을 낳는" 구원의 상태라고 할 수 있다. 이러한 평화는 "하느님의 근본 속성"이다.[8]

---

8   박정우, 「가톨릭교회의 평화론과 그리스도인의 실천」, 평화나눔연구소 엮음, 『가톨릭교회 평화론과 평화 사상』, 서울: 천주교 서울대교구 민족화해위원회 평화나눔연구소, 2018, 14-16쪽.

샬롬이란 개인적 측면에서는 건강하고 건실한 삶, 번영을 구가하는 희망을 지닌 삶의 내용을 포괄한다. 이 개념이 공동체에 적용될 때에는 전쟁이 없고 평온한 상태를 지시하며 종교적인 의미에서는 삶의 기쁨과 환희, 구원을 함축한다. 또한 구약성경에서 말하는 샬롬은 인간들만의 평화가 아니라 동물들과도 친교를 나누며 서로 부요함과 건강을 나누는 차원도 담고 있다. 따라서 샬롬은 하느님의 온전한 생태계의 평화를 의미하기도 한다.[9]

신약성경에서 평화는 그리스어 에이레네(eirene)로 표현되며 100여 번 나타난다. 에이레네는 전쟁이 완전히 배제된 안정된 상태를 말한다. 특히 예수 그리스도의 산상 설교의 핵심은 비폭력을 통한 폭력의 극복, 폭력으로부터의 해방과 자유에 있다. 이는 원수 사랑을 통한 폭력에서의 해방과 적대감의 극복을 의미한다. 이러한 원수사랑은 가장 완전한 이웃 사랑의 형태이자 정의의 형태로서 우리의 삶 속에 평화를 실현하는 무엇보다 확실한 방법인 것이다.[10]

한편, 가톨릭교회는 교황 바오로 6세의 제안으로 1968년부터 매년 1월 1일을 '평화의 날'로 제정하여 교황이 직접 〈평화의 날

---

9   박충구, 『종교의 두 얼굴: 평화와 폭력』, 서울: 홍성사, 2013, 53-64쪽.
10   유석성, 「평화와 복음의 기쁨」, 『(가톨릭)신학과 사상』 73, 2014, 123, 167-172쪽.

담화문〉을 발표해 왔다. 지금까지 발표된 〈평화의 날 담화문〉에 제시된 평화를 위한 실천 과제를 간략하게 정리해 보면, 정의를 실천하고, 진리를 추구하며, 자유를 존중하는 한편, 형제애를 실천해야 한다. 또한 가난하고, 고통 받고, 소외된 이들에게 다가가고 인권을 존중하며 대화와 화해를 위해 노력해야 한다. 무엇보다도 모든 이들이 평화의 문제를 심각하게 인식하고 평화에 기여할 수 있도록 보편적이고도 대중적인 평화교육이 필요하다.[11]

가톨릭교회는 평화교육에 대해서도 강조하고 있는데, 교황 요한 바오로 2세는 "평화에 이르려면 평화를 가르치십시오."라고 이른 1979년의 세계평화의 날 담화에 이어 2004년 제37차 세계평화의 날 담화를 통해서도 "언제나 평화를 가르치십시오."라고 설파하였다. 교황 베네딕토 16세 역시 2012년 제45차 세계평화의 날 담화의 제목을 "젊은이들을 위한 정의와 평화의 교육"으로 정했다. 이를 통해 평화교육이 가톨릭교회의 중요한 과업임을 확인할 수 있다.

---

11 김몽은, 「평화에 관한 근대 가톨릭 교회의 가르침」, 서울평화교육센터 편, 『평화, 평화교육의 종교적 이해』, 서울: 내일을 여는 책, 1995, 260-263쪽.

4. 종교를 통한 평화교육 실천 사례

이 절에서는 분쟁으로 고통 받고 있는 세계 여러 지역과 국내에서 평화교육을 통해 평화의 문화를 만들어내고 평화를 정착시키고 있는 종교계의 노력을 소개한다.

1) SINE - 새 복음화 통합 시스템

'SINE'(Systematic Integral New Evangelization)는 멕시코 출신 알폰소 나바로(1935-2003) 신부가 35년 전 고안해 낸 사목 프로그램으로 '새 복음화를 위한 체계적이고 통합적인 시스템'이라는 뜻이다. 다양한 교육과 프로그램을 통해 공동체에 활기를 더욱 불어넣고 사제와 신자 모두의 그리스도인 사명을 공고히 하는 데 초점을 맞추고 있다. 성사 생활만 관리하거나 소극적인 사목에 만족하지 않고, 초기 교회 신자들이 누린 복음의 역동성을 살리는 데 주안을 둔, 새로운 사목 패러다임을 제시하는 총괄 프로그램이다.[12]

현재 멕시코, 콜롬비아, 브라질, 아르헨티나, 미국 등 약 24개국에서 이 프로그램을 도입해 사목에 적용하고 있다. 가장 활발한

---

12   김상인, 「새로운 복음화를 위한 방안 연구─콜롬비아 SINE를 중심으로」, 『누리와 말씀』 41, 2017, 78-87쪽.

성과를 보이는 곳이 콜롬비아 가톨릭교회로, 현재 80개 교구 중 45개 교구가 SINE를 활용해 각 본당 공동체가 활성화되는 효과를 거두었다. 콜롬비아 교회 통계와 사목자 증언에 따르면, 이 프로그램에 참여한 신자들은 뚜렷한 그리스도인 정체성을 찾고 한층 성숙한 신앙인으로 거듭났으며, 사제들도 함께 성화되는 효과를 얻었다.[13]

SINE 사목 프로그램의 목적은 복음화를 통한 하느님 나라 건설이다. 모두가 주님 사랑을 체험하고, 공동체적인 삶을 살도록 이끄는 것이 SINE를 하는 이유다. SINE는 큰 틀에서 1단계 케리그마(복음 선포)→ 2단계 코이노니아(일치, 지속적 나눔)→ 3단계 디아코니아(봉사, 공동체 성화)의 과정으로 이뤄진다. 1단계에서는 체계적인 교육을 통해 준비과정이 이루어지고 세례성사와 견진성사의 갱신이 일어나는 복음화 피정 과정을 거치게 된다. 2단계는 공동체를 형성하기 위한 과정을 의미한다. 3단계는 1, 2단계를 거친 공동체가 참다운 공동체로 계속 성장하도록 조력하는 과정이라고 할 수 있다.[14] 이러한 과정에서 자연스럽게 지역 공동체의

---

13 이정훈, 「SINE, 하느님 사랑으로 이끄는 길잡이」, 『가톨릭평화신문』
    2015.02.08.,
    https://www.cpbc.co.kr/CMS/newspaper/view_body.php?cid=
    553568&path=201502, 2022.07.25. 검색)
14 김상인, 앞의 「새로운 복음화를 위한 방안 연구」, 78-90쪽.

건전성이 높아질 수 있고, 가톨릭 신자들을 중심으로 사람들 사이에 평화의 문화가 확산되는 결과 또한 기대해 볼 수 있다.

2) 필리핀의 평화교육 경험

가톨릭과 이슬람 간의 40년 유혈분쟁 지역으로 14만 명 이상이 사망한 필리핀의 민다나오 섬은 아시아 지역에서의 분쟁의 상징과도 같은 곳이다. 이러한 민다나오에서의 평화 구축을 위한 종교계의 주요 활동은 가톨릭 지도자들과 무슬림 지도자들 간의 대화포럼(BUF: Bishops-Ulama Forum), 서부 민다나오의 대화운동인 실실라 대화 운동(Silsilah Dialogue Movement), 그리고 이들의 배후에서 대화 운동과 평화교육 및 지도자훈련을 돕고 있는 가톨릭 구호봉사회(CRS: Catholic Relief Service)의 활동으로 요약될 수 있다.[15]

특히 민다나오 종교지도자들 간에 시작된 대화모임인 BUF(Bishops-Ulama Forum)는 점차 각 지역 공동체로 퍼져나가 타 종교를 향해 가지고 있는 과거의 부정적 경험과 편견에 고착된 이들의 불안과 공포뿐만 아니라 각 종교 내의 근본주의 반대 세력을 약화시키는 데 기여하였다. BUF는 2003년부터 BUC(Bishops-

---

15 김병서, 박성용, 「필리핀의 정치적 종교 갈등과 평화모색」, 유네스코 아·태 국제이해교육원, 『아시아의 종교분쟁과 평화』, 서울: 오름, 2005, 67-68쪽.

Ulama Conference)로 명칭이 변경되었다. 또한 초기에는 가톨릭과 이슬람 지도자 중심으로 시작되었으나 추후 개신교 지도자와 토착부족 연합 대표들도 대거 참가하게 되면서 점차 대상을 넓혀갔다.[16]

이 대화 포럼은 매 분기별로 평화의 문화증진을 위한 공동의 관심사 영역을 주제로 모이며, 평화, 질서, 문화 간 연대에 대한 지역적 문제를 다루기 위해 주요 도시와 지역에서 지역 대화 포럼을 개최 및 지원하고, 각 평화센터, 학교, NGO들과 함께 공동체에 기반을 둔 평화 워크숍 실시와 학교 교과과정에서 평화교육의 도입을 위한 연대를 함께하고 있다.[17] 아직 갈등과 분쟁이 완전히 끝난 것은 아니지만 민다나오 주민들의 갈등과 희생을 승화시킨 평화교육의 경험은 필리핀 전 지역에 걸쳐 학교 교육뿐만 아니라 지역 사회 전체에 영향을 미치고 있다.

3) 한국 천주교 서울대교구 민족화해위원회

천주교 서울대교구 민족화해위원회는 1995년에 설립된 이래 민족의 화해와 일치를 위한 기도운동, 북한 지역 교회 재건과 재

---

16 김병서, 박성용, 「필리핀의 정치적 종교 갈등과 평화모색」, 68-69쪽; 황경훈, 「아시아의 평화와 종교 간 대화-FABC의 대화노력을 중심으로」, 『신학전망』 189, 2015, 66쪽.
17 김병서, 박성용, 「필리핀의 정치적 종교 갈등과 평화모색」, 68-69쪽.

복음화 준비 및 실행, 한반도 평화를 위한 교육 및 연구, 대북 인도적 지원, 남북한 가톨릭교회 교류를 주요 사업으로 실시하고 있다. 특히 한반도 평화를 위한 교육 및 연구를 중점적으로 수행하기 위하여 2015년에 부설 연구소인 평화나눔연구소를 만들었다.

천주교 서울대교구 민족화해위원회와 그 산하의 평화나눔연구소가 진행하는 한반도 평화를 위한 여러 사업 중에서 가장 주목할 만한 프로그램은 2016년부터 지금까지 매년 실시하고 있는 '한반도평화나눔포럼'과 'DMZ 국제청년평화순례'라고 할 수 있다. 먼저 'DMZ 국제청년평화순례' 프로그램은 한국과 세계의 젊은이들이 모여, 전쟁의 아픔을 간직한 채 여전히 진행 중인 분쟁의 긴장 속에서도 새로운 평화의 씨앗이 싹트는 DMZ를 걸으며 평화를 만나고 체험하며 함께 평화의 바람을 퍼뜨리자는 취지로 기획되었다. '평화의 바람'(wind of peace)을 슬로건으로 내걸고 매년 70여 명의 국내외 청년들이 함께 전쟁과 갈등, 분열과 차별로 고통 받는 모든 곳에서 참된 평화를 실현할 수 있기를 꿈꾸며 평화를 생각하고 나누며 걷는다.[18]

다음으로 '한반도평화나눔포럼'은 세계 유일의 분단국가로 남아 있는 한반도에서 국가 간, 민족 간, 종교 간 분쟁으로 위협받

---

18 천주교 서울대교구 민족화해위원회 홈페이지 참조.
    http://www.caminjok.or.kr/main.php (2024.05.02.)

고 있는 지구촌의 평화 현실을 진단하고, 분쟁과 갈등의 현장에서 평화를 지키기 위해 노력하는 종교 지도자 및 석학들과 함께 한반도 평화 정착을 위한 해법과 평화로운 국제질서를 구축하기 위한 지혜를 모색하기 위한 취지로 만들어진 자리이다. '한반도 평화나눔포럼'은 2016년 8월에 '평화의 길, 한반도의 길'을 주제로 처음 개최되었다. 이후 2017년에는 '정의와 평화, 한반도의 길', 2018년에는 '인간의 존엄과 평화, 한반도의 길', 2019년에는 '평화의 문화, 한반도의 길'을 주제로 전 세계의 분쟁과 갈등 지역에서 활동하고 있는 종교 지도자와 학자, 활동가들을 초대하여 포럼을 개최하였다. 2020년부터 2022년까지는 코로나19 상황으로 인하여 국내 학술회의 형식으로 개최하였고, 2023년에는 '한반도 화해와 평화에 이르는 길'을 주제로 국제 포럼을 개최하였다. 평화나눔연구소는 앞으로도 포럼을 통해 평화를 위한 전 세계 연대 구축과 한반도 및 세계평화 건설을 위해 노력할 것임을 밝히고 있다.[19]

4) 대한불교조계종 민족공동체추진본부

대한불교조계종 민족공동체추진본부는 부처님의 자비 정신을

---

19 천주교 서울대교구 민족화해위원회 평화나눔연구소 홈페이지 참조.
   http://sharepeace.net/main.php (2024.05.02.)

바탕으로 분단으로 인한 대결과 불신의 역사를 화합과 평화, 통일의 역사로 만들기 위해 2000년에 창립된 조계종단의 종령 기구이다. 민족공동체추진본부는 남북 불교의 동질성 회복을 위하여 남북 불교교류를 추진하는 한편, 연구 조사를 통한 종단의 통일정책 수립, 대북 인도적 지원사업 등을 추진함으로써 남북이 하나 되는 민족공동체를 형성해 나가는 데 기여하는 것을 목적으로 활동하고 있다.

특히 평화교육 차원에서 정기적으로 월례 강좌, 민족공동체 불교지도자 과정, 북중 접경지역 평화기원순례, 남북 불교 교류 활성화를 위한 좌담회 및 토론회 등을 진행하고 있다. 2023년 12월에는 "불교평화통일 아카데미—피스메이커 양성 과정"을 진행하기도 했다. 이 중에서 특히 주목할 만한 프로그램은 정기적으로 실시되고 있는 월례 강좌이다. 매월 정기적인 특강을 통해 다양한 주제로 남북 간 정세에 대한 객관적 정보와 통일에 대한 미래지향적인 시각을 제공하는 것을 목적으로 하는 월례 강좌는 원래 매달 개최하는 것으로 기획되었으나, 최근 몇 년간은 코로나19 상황으로 인하여 매달 개최되지는 못하고 있다. 지난 4월 20일에 "4.27판문점선언 6주년 기념 '김포 접경 평화순례'"를 주제로 제85

차 월례 강좌가 개최되었다.[20]

5. '한반도 평화교육'의 성격과 방향

'한반도 평화교육'을 모색하고 실천하는 과정에서 보편 종교의 평화사상과 가르침이 많은 영감을 줄 수 있을 뿐만 아니라 이론 적·사상적 기반이 될 수 있을 것이다. 지금까지 살펴본 주요 종 교의 평화 및 평화교육 사상과 국내외에서의 평화교육 경험을 바 탕으로 한반도 평화 실현을 위한 교육인 '한반도 평화교육'의 목 표, 내용, 방법을 다음과 같이 제시해 보고자 한다.

첫째, 한반도 평화교육의 목표는 '정의와 사랑'이 되어야 한다. 평화는 '정의의 열매'이자 '사랑의 열매'이다. 그리스도교에서의 평화 실천은 정의의 실현이고 구체적인 모범은 예수가 보여준 자 기 비움을 통한 사랑의 완성이다. 불교의 평화 역시 무아를 기반 으로 한 무차별적 사랑에 근거한다.[21] 따라서 평화교육의 목표는 정의와 사랑이어야 할 것이다. '사랑의 열매'로서의 평화는 타인

---

20 대한불교조계종 민족공동체추진본부 홈페이지 참조.
http://www.reunion.unikorea.or.kr (2024.05.02.)
21 최종석, 『불교의 종교학적 이해』, 서울: 민족사, 2017, 112쪽.

을 배려하고 이웃의 어려움을 덜어주려는 형제애의 열매이다.

둘째, 한반도 평화교육의 핵심 내용은 '용서와 화해'가 되어야 할 것이다. 용서는 사랑, 화해는 정의와 각각 연결될 수 있다. 용서는 그리스도교의 핵심 교훈이며, 불교 역시 영구한 평화를 희구하며 이를 실현하기 위해 오직 한 가지 길을 제시하는데, 다름 아닌 용서이다. 다음으로 화해는 기본적으로 관계의 회복 또는 복원의 의미를 담고 있는 개념이다. 신약성경의 평화는 화해와 연관되는 측면이 많은데, 성경은 화해와 용서를 통해 그리스도인은 평화의 사도가 될 수 있고 주님의 자녀다운 참된 행복을 누릴 수 있다고 선포한다.[22]

셋째, '한반도 평화교육'의 방법으로는 대화와 연대를 생각해볼 수 있다. 불교의 교육 방법에서 대화의 중요성은 매우 크다. 석가모니는 언제나 일방적인 선언이나 명령으로서가 아니라 서로 묻고 답하면서 대화하는 가운데 스스로 이해하고 눈뜨며 느끼게 했다. 여기에는 서로가 마음을 열고 상대방의 말을 경청하는 자세가 필요하다. 또한 적절한 질문과 그 반응에 대한 진실하면서도 수용적인 자세가 필요하다. 아울러 상대방의 의견을 정확하게 이해하는 능력도 있어야 한다.[23] 다음으로 연대는 모든 존재

---

22 박정우, 「가톨릭교회의 평화론과 그리스도인의 실천」, 17-18쪽.
23 박선영, 「불교와 평화교육」, 121쪽.

들은 서로 상호의존적으로 관계를 맺고 있다고 보는 불교의 기본 교리인 연기론을 통해서 그 의미를 도출해 볼 수 있다.[24]

살펴본 바와 같이, '한반도 평화교육'을 좀 더 적극적으로 제안하고 실시한다면 사회 구성원들의 평화 역량을 제고하고 사회 전반에 진정한 평화의 문화를 형성하고 확산시킬 수 있을 것이다. 이 과정에서 종교계가 평화교육의 주체가 되어 용서와 화해를 바탕으로 분단으로 인한 개인 및 사회의 상처와 갈등을 치유하고 회복하는 데 기여한다면 한반도에 화합과 통합의 기반이 더욱 공고히 마련될 수 있을 것이라 기대한다.

---

24 최종석, 앞의 『불교의 종교학적 이해』, 165쪽.

2부 평화구축의 현장

05. 파시즘 정치와 종교

양권석

1. 위기와 전도된 응답들

대멸종의 경고를 포함해서 인류의 미래에 대한 묵시적 종말의 전망이 가득한 시대다. 유엔 보고서에 의하면, 기후변화와 그에 따르는 식량과 물 부족으로 인한 기후 난민의 수가 1억을 넘어서고 있다.[1] 기후위기로 인한 갈등과 전쟁들이 20세기의 전쟁들과는 비교할 수 없는 규모로 인명을 희생시킬 것이라는 어두운 예언이 터져 나오고 있고,[2] 기후 변화와 그에 따르는 위기가 지구적 정치경제 체계가 감당할 수 없는 상황으로 전개될 수 있음을 우려하는 목소리가 높다. 기후위기와 함께 인간 문명의 위기가 현

---

1 UNICEF, *Children Displaced in a Changing Climate*, 2023. 이 보고서에 의하면 2016-2021년 사이의 기후 난민의 수가 1억 3,400만이 넘는 것으로 나타나고 있으며, 국제 NGO 자국내난민감시센터(IDMC)의 보고서 〈그리드 2023〉(GRID 2023)에 의하면, 최근에 난민이 폭증하고 있을 뿐만 아니라, 전쟁이 확대되고 있음에도 불구하고 전쟁난민보다 기후난민이 비율이 더 높게 나타나고 있다.

2 Harald Welzer, *Climate Wars: What People Will Be Killed for in the 21st Century* (Cambridge: Polity Press, 2011).

실화되고 있는 것이다.

하지만, 위기를 비웃기라도 하듯 우크라이나와 팔레스타인에
서는 전쟁이 계속되면서 무자비한 민간인 학살이 거침없이 자행
되고 있다. 국가나 집단의 이익을 위해서라면 인간 생명의 존엄
성 정도는 얼마든지 무시할 수 있다는 태도가 팽배하다. 전쟁과
폭력을 당연하고도 정당한 수단으로 받아들이고 있을 뿐만 아니
라 때로는 종교적으로 정당화하기도 한다. 여기에 더해서 제국들
사이의 패권 경쟁은 세계를 친구와 적으로 갈라치기하고, 사람들
의 정치적·도덕적 판단을 진영 논리로 마비시키면서, 자신의 이
익을 위해서 만들어낸 적을 향한 적개심과 증오심으로 뭉칠 것을
요구하고 있다. 세계 도처에서 민족주의, 보호무역주의, 인종주
의, 혐오주의가 강화되고 있고, 밑으로부터 다양한 형태의 파시
즘적 성향을 보여주는 대중 운동이 등장하고 있으며, 극단주의적
포퓰리즘 세력들이 정치권력의 전면에 등장하고 있다. 위기 앞의
인류는 왜 이렇게 전도된 응답을 내놓고 있을까? 왜 대중들이 그
와 같은 전도된 응답에 끌려들어가게 되는 것일까? 이 글은 이러
한 질문들로부터 시작되었다.

많은 사람들이 그와 같은 극우 포퓰리즘 정치나 파시즘 정치
의 등장과 관련해서 종교의 역할을 주목하고 있다. 예를 들어 지
금 학살극을 벌이고 있는 이스라엘 극우정권은 종교와 극우 파시
즘적 정치가 결합하고 있는 전형적인 예다. 미국에서 근본주의적

기독교와 우파 정치가 결합하고 있는 현상에 대해서는 이미 잘 알려져 있다. 유럽에서는 종교의 역할이 결정적이라고 보이지는 않지만 우익 포퓰리즘 정치가 정치 무대의 전면에 등장하는 양상을 보이고 있고, 그들의 파시즘적 성향을 우려하는 목소리가 매우 높다. 한국에서도 종교와 우익 정치의 결합은 역사적으로도 결코 낯선 현상이 아닐 뿐만 아니라 매우 현재적이다. 그래서 이 글의 구체적인 목표는 우리 시대의 평화를 위협하는 중요한 한 현상으로서 극우정치와 종교의 결합을 비판적으로 검토함으로써 반대로 평화를 위한 종교의 역할을 좀 더 적극적으로 찾아보려는 노력이다.

먼저 파시즘이라는 용어를 미리 설명해 두려고 한다. 파시즘의 사전적 정의는 제1차 세계대전 이후 이탈리아와 독일에서 등장했던 극단적 민족주의를 주장하면서 민주적 질서를 부정하는 대중정치이다. 하지만 이 글에서 파시즘의 의미는 그와 같은 사전적 정의를 따르지 않는다. 지난 세기의 파시즘과 우리 시대의 종교와 극우정치가 결합한 대중 운동 혹은 대중 정치는 그 원인이나 양상 면에서도 많은 차이가 있다. 하지만 자본이나 정치권력의 욕망이 자발적인 대중운동과 결합하고, 종교와 정치권력과 자본이 결합하는 양상을 보인다는 점에서 많은 유사성이 있는 것도 사실이다. 과거와 지금의 그와 같은 차이와 유사성을 고려하면서도, 지금의 종교와 극우정치의 결합 현상이 아직은 매우 유동적이고 잠재적이라는 점을 분명히 하면서 파시즘이라는 용어를 사용하는 것이 옳다고 판단한다. 뚜렷하게 파시즘적 현상을 드러내기도 하는가 하면 전혀 다른 모습을 드러내기도 하는, 아직은 정확하게 정체화되거나 현실화되지 않은 가능태(可能態) 혹은 잠재태(潛在態)로서 파시즘을 말하려는 것이다. 그런 점에서 이 글이 말하는 파시즘은 "파시즘의 유령들"(spectres of fascism)[3]이나 "열망적 파시즘"(aspirational fascism)[4] 같은 파생적 의미의 파시즘에 보다 가깝다. 초기적이고 그래서 아직은 현실이 되기 전의 잠재적 상태 혹은 그 경계선에 있으면서, 현실로 드러나기도 하고 또 감추기도 하는 그런 파시즘이다.

2. 파시즘의 조건과 징후들

극우정치와 종교의 결합이 결국은 정치·경제·사회적 위기에 대한 대중들의 응답의 한 형태라면, 그와 같은 결합 혹은 응답

---

3   Samir Gandesha, *Spectres of Fascism Historical, Theoretical and International Perspectives* (Pluto Press, 2020).

4   William W. Connolly, *Aspirational Fascism: The Struggle for Multifaceted Democracy Under Trumpism* (Minneapolis: University of Minnesota Press, 2017).

의 의미를 이해하기 위해서는 먼저 위기의 내용을 좀 더 구체적으로 파악할 필요가 있다. 다시 말해 정치와 종교의 파시즘적 결합을 가능하게 하는 조건들과 그런 결합의 징후들을 살펴보는 것이 중요하다.

1) 공통기반이 흔들리는 위기

점점 더 현실화되어 가고 있는 기후위기 상황에서, 인류세(Anthropocene)와 자본세(Capitalocene) 등 지질학적 시대 구분을 문제 삼는 논의들이 활발해지고 있다. 하지만 이런 논의들은 지질학적 시대 구분 그 이상의 의미가 있다. 홀로세(Holocene), 충적세(沖積世) 또는 현세(現世)라고 불러 온 지질학적 시대에는 지구와 인간 사이에 결정적인 모순 없이 인간의 문명 세계가 지구라는 행성에 의존하여 자신을 발전시킬 수 있었다. 그런데 지금에 와서 지질학적 시대구분을 달리해야 하겠다는 것은 지구와 인간 세계의 관계에 문제가 생겼다는 의미다. 마이클 노스코트에 의하면, 지금의 기후위기는 인간이 지구라는 행성의 한계를 전혀 고려하지 않고 지구와 자연을 착취해 온 결과이며, 지구 행성과 인간 문명의 관계에 대한 근본적으로 잘못된 가정 혹은 전제들이 불러온 위기다. 그래서 역설적으로 기후위기는 지금까지 우리에게 숨겨져 있거나 아니면 우리가 무시해 온 지구 행성의 기초나 구조를 드러내 보여줄 뿐만 아니라 인간 세계와 문명의 잘못된 전제나 구조들을 폭로한다.[5] 캐서린 켈러에 의하면, 지금의 위기는 인간이 만들어 온 문명세계에 대한 지구의 환대가 더 이상 유지될 수 없음을 의미한다.[6] 지구의 지질학적 토대와 인간 문명 사이에 어떤 근본적인 모순도 있을 수 없다는 암묵적인 가정이 흔들리면서, 인간 문명의 무한한 발전이라는 무책임하게 전제된 낙관이 무너지고 있는 것이다.

하지만, 지구와 인간 문명 사이의 어긋난 관계를 최종적 결별을 암시하는 묵시적 종말의 전조로 읽는 것은 종교적 교리의 자기 충족적 성취라는 의미는 있을지 몰라도 매우 이기적이고 무책임한 해석이다. 오히려 어긋난 관계를 새로운 관계로 변화시켜 내라는 요청으로 읽어야 할 것이다. 그런데 지구와 인간 세계의 관계가 변화되는 과정, 다시 말해 인간 세계의 틀이나 도식이 변화하는 과정은 문제없이 자연스럽게 일어나는 과정이 아니다. 사도 바울의 말처럼, 지금까지의 우리가 누렸던 기득권을 내려놓는 고통과 새로운 질서를 세우는 수고가 따를 수밖에 없다.(고린도전서 7,31-32) 그래서 필요한 것은 변화를 향한 고통과 수고를 함께 견디며 나아갈 수 있는 연대의 힘이다. 하지만 현실은 우리의 기

---

5   Michael S. Northcott, *A Political Theology of Climate Change* (Michigan: Grand Rapids, 2013), p. 16.
6   캐더린 켈러, 박일준 역, 『지구정치신학』, 대장간, 2020, 177쪽.

대와는 다르다. 한쪽에서는 지금의 삶을 흔들림 없이 유지할 수 있다는 맹목적인 신념이 사람들의 열정을 동원하고 있고, 다른 한쪽에는 삶 그 자체에 대한 허무와 절망이 가득하다.

위기의 심각함에 비하면, 변화를 위한 노력은 매우 소극적일 뿐만 아니라 매우 불평등하게 전개되고 있다. 그래서 대중은 문제의 해결을 위해서 적극적이 되기보다는 허무와 무기력함을 드러내는 경우가 더 많다. 이러한 소극성이나 무력감은 단순히 한 개인이나 한 사회가 감당하기에는 그 위기가 너무 거대한 것이라서 생기는 개인 심리적 혹은 사회 심리적 문제만은 아닐 것이다.[7] 오히려 지금까지의 특권을 포기하지 않고 유지하려는 기득권의 욕망 앞에서 대중이 느끼는 좌절이라고 보아야 할 것이다. 모두에게 차이 없이 닥친 위기와 변화의 요구인데, 위기에 따르는 피해와 변화를 향해서 감당해야 하는 고통을 매우 불평등한 방식으로 처리하고 있는 지금의 세계질서로부터 오는 비관과 절망이다. 이와 같은 대중의 깊은 절망감과 허무감이 기후 위기의 실재를 부인하려는 태도로 나타나기도 하고, 탈세상적인 종교적 종말론

---

7 기후위기 부인하거나 위기 앞에서 무력감을 표출하는 개인적 사회적 심리분석과 그것의 한계에 관해서 다음 글을 참고하라. Thomas D. lowe, *Is This Climate Porn? How Does Climate Change Communication Affect Our Perceptions and Behaviou?*, Working Paper 98, Tyndall Centre for Climate Research, 2008.

을 향해 도피하기도 하고, 불확실성의 원인을 엉뚱한 곳으로 돌려서 분노와 증오심을 폭발하기도 하는 것이다.

2) 자본주의의 나르시즘적 전개

인류세와 함께 기후위기와 문명 위기를 표현하는 또 다른 이름이 자본세(capitalocene)다. 자본세를 주장하는 사람들의 입장에서 보면, 위기의 원인을 제공하는 정도나 그 결과를 떠안는 정도가 인종적, 성적, 계급적으로 그리고 지역적으로 매우 다르다. 그런데 인류 전체 혹은 인류 문명 전체에게 원인을 전가하고 결과를 감당하라고 요청하는 '인류세'는 문제의 진단과 해결이라는 측면에서 부당하다. 그리고 해러웨이의 입장에서 보면, 인류세는 문제의 원인과 해결책을 인간과 지구라는 두 개의 독립된 실체들 사이의 관계에 기초해서 찾고 있다. 인간과 인간 문명과 지구 위의 모든 유기체와 무기체의 얽힌 관계와 그들 사이의 공생적 관계를 보게 하기보다는, 외부의 영향 없이 스스로 자신을 만들어 갈 수 있는 자체 생성적(autopoietic) 체계로 인류 문명이나 인간 사회를 보게 만든다.[8]

---

8   Donna J. Haraway, "Staying with the Trouble: Anthropocene, Capitalocene, Chthulucene," in Jason W. Moore, ed., *Anthropocene or Capitalocene? Nature, History, and the Crisis of Capitalism* (PM Press, 2016), pp. 34-76.

인류세에 대한 이러한 비판에 기초해서, '자본세'는 자본주의적 생산양식의 나르시즘적 성격을 문제의 중심에 놓는다. 다시 말해, 화석연료를 포함한 자연과 다른 인간들에 대한 착취에 기초해서 무한성장을 추구하면서도, 그것이 가져올 장기적인 영향을 고려하지 않는 자본주의적 생산양식에 위기의 근본 원인이 있다고 보는 것이다. 이와 같은 자본세 논의가 가리키는 핵심 내용은 결국 지구의 안정성과 인간의 경제적 삶이 서로 적대적 모순을 일으키고 있다는 말이다. 나오미 클라인에 의하면 "우리의 경제 체제와 우리의 행성 체계가 지금 전쟁 중에 있다. 혹은 보다 정확하게 말해서, 우리의 경제가 인간의 삶을 포함해서 지구 위의 수많은 생명 형태들과 전쟁하고 있다."[9] 이러한 상황에서 필요한 것은 당연히 자본주의 경제 질서의 변화다. 하지만, 자본주의 경제 모델이 "붕괴를 피하기 위해서 요구하는 것은 어떤 방해도 받지 않는 확장이다." 그래서 지구 행성 체계와 인간의 경제 질서가 공존 불가능한 모순을 드러내고 있는 상황이 바로 지금의 위기다.

하지만 명백한 모순에도 불구하고, 자본주의 시장경제 질서의 자유와 합리성에 대한 자본의 신념은 매우 신화적이고 나르시즘적이다. 이 믿음의 내용을 살펴보면, 첫째는 인간의 윤리적 책임

---

9   Naomi Klein, *This Changes Everything: Capitalism vs. the Climate* (New York: Simon and Schuster, 2014), p. 21.

성이 아니라 시장만이 자유롭고 자발적인 자기 조직화 과정을 보여주는 가장 합리적인 질서라는 믿음이다. 일종의 시장 유토피아주의라고 할 수 있을 것이다. 둘째로, 이러한 믿음에 기초해서, 시장의 자유와 소비자의 자유를 인간의 자유와 동일시한다. 그래서 시장의 자유를 통제하는 것을 인간의 자유에 대한 억압으로 간주한다. 셋째로, 인간의 삶이 시장의 자기 조직화 과정만으로 이루어질 수 없는 다양한 물리적, 생물학적, 사회적 자기 조직화 과정들이 복잡하게 얽혀서 유지되는 관계라는 사실을 무시하고, 지구 위의 모든 생물과 무생물의 삶을 시장가치를 중심으로 환원한다. 이러한 시장 유토피아주의 안에는 시장의 자유와 합리성의 실현이 곧 인간의 자유의 실현이고, 모든 피조물들의 지구적 공존의 실현이라는 우주론적 전제가 들어 있다.

그런데 이러한 시장 유토피아주의가 한계에 봉착할 때마다, 자본주의 시장경제가 보여준 응답은 그 유토피아주의를 맹목적인 근본주의와 다름없는 모습으로 강화시키는 것이었다. 그래서 정치적 민주 질서를 파괴하고, 시민사회를 포퓰리즘적으로 왜곡하여, 시장과 자본을 중심으로 정치와 시민사회를 재편하려는 파시스트적 시도를 계속 보여 왔다. 1930년대 시장 유토피아주의가 대공황으로 인해서 위기에 처했을 때, 정치권력과 산업자본과 자발적 극우 시민 집단이 결합하여 민주적 질서를 파괴하면서 인종주의적 민족주의나 군사주의 그리고 적대적인 전쟁 정책 등을 통해서 위기를 돌파하려 했다는 점을 기억할 필요가 있다. 이미 많은 자본주의 비평가들이 전망했던 대로 위기의 상황에서 자본은 정치·경제·사회 전 영역에서의 민주적 과정을 모두 희생해서라도 자신의 관성을 지켜내려는 강력한 의지를 표출한다.[10]

위기 앞에서 자신을 변화시키기보다는 자신을 중심으로 더욱 강력한 동맹을 구축하여, 자신의 기득권을 유지하려는 지연전술을 펼치는 것이 자본주의 체제의 역사적으로 확인된 중요한 속성이다. 그리고 이러한 기득권 유지의 욕망과 지연전술이 자본주의의 시장 유토피아주의를 파시스트적 자본주의로 변화시킬 가능성은 얼마든지 있는 것이다. 경제적 불평등의 심화와 그에 따른 사회 불안의 증가와 포퓰리즘과 극단주의 경향의 강화되는 현상들, 기후 난민과 이주의 증가를 막기 위해 국경을 더욱 철저히 봉쇄하려는 강압적이고 폭력적인 시도들, 민족주의적 인종적 정체성을 강화하려는 노력들, 소수자와 약자들을 향한 사회적 혐오의 증폭, 신냉전적 국제질서의 재편, 그리고 전쟁 등은 위기에 처한 자본의 지연전술 혹은 자본의 나르시즘적 전개와 깊은 관련성을 가지고 있는 것이다.

자본의 나르시즘적이고 파시즘적인 전개는 구조나 제도 차원

---

10   Karl Polanyi, *The Great Transformation: The Political and Economic Origins of Our Time* (Boston: Beacon Press, 1944 (2001), p. 245.

에서만 작동하는 것이 아니다. 개인들의 삶도 그와 같이 나르시즘적이 되도록 이끌어 간다. 철저한 개인주의와 무한 경쟁에 입각해서 시장 중심으로 인간관계나 사회적 관계를 바라보는 시장 자본주의는 개인들로 하여금 자신의 외부를 철저하게 도구적으로 바라보게 한다. 그래서 외부와의 관계가 아니라 자기 내부의 자아와 에고(ego)의 관계에만 집중할 수 있는 나르시즘적 인간을 만들어낸다. 그리고 위기와 불안에 직면해서도 외부의 타자들과의 화해나 나눔을 통해서 길을 찾기보다는 자기중심성을 더욱 강화함으로써 대응하도록 유도한다. 사람과 사람이 만나는 불편함을 최소화하는 언택트(untact) 소비주의, 누구에게도 간섭받지 않는 욕구의 충족이라는 자유에 대한 환상, 이웃의 가난과 고통 그리고 생태 환경의 파괴와 고통에 대한 무관심 등등은 나르시즘적인 개인주의와 무한 경쟁의 질서가 만들어내고 있는 개인들의 모습이다. 이러한 나르시즘적 개인들은 사실은 스스로 관계적인 자아형성의 길을 차단하고 있는 것이라고 보아야 할 것이다. 이런 개인들 중의 일부가 영화 〈아메리칸 사이코〉(American Psycho)의 주인공처럼 나르시즘적 자아를 지키기 위해서 폭력과 살인을 마다하지 않는 극단적인 인물로 발전할 가능성을 결코 배제할 수가 없다. 증오와 혐오를 절제 없이 표출하는 온라인 파시즘에 대한 논의와 무한 경쟁을 부추기는 한국의 학교교육 현장을 파시즘 교육의 현장이라고 말하는 김누리의 평가는 파시즘적 경향이 이미 개인들의 내면 깊숙한 곳에 자리 잡고 있음을 보여준다.[11] 나르시즘적 자본주의 질서와 그 안에서 살아가고 있는 개인들이 폭발을 기다리며 파시즘적 에너지를 응축하고 있는 것으로 보이는 것은 결코 과민함 때문만은 아닐 것이다.

3) 민주주의 위기와 정치에 대한 불신

자본주의의 나르시즘적이고 유토피아적인 전개로서 신자유주의는 필연적으로 정치적 과정을 왜곡시킨다. 데이비드 하비에 의하면, 신자유주의는 가장 자유롭고 가장 합리적인 조직으로서의 시장의 유토피아를 실현하기 위한 기획이다. 그리고 이 유토피아 기획은 시장 중심의 경제를 위해서 정치적·사회적 과정을 왜곡시키지만 끝내는 성공할 수 없는 기획이다.[12] 이와 같은 나르시즘적이고 유토피아적 기획은 인간에 대한 모든 평가를 경제적 이익에 종속시키고, 국가나 사회를 시장의 자유를 지키는 도구로 변질시키며, 시장의 논리를 사회적 삶의 전 영역으로 확대함으로써 시민을 소비자나 경영자와 동일한 것으로 간주하고, 그래서 시민

---

11 김누리, 「민주주의의 성패는 교실에 달려 있다」, 『한겨레』 2022.01.04. https://www.hani.co.kr/arti/opinion/column/1025904.html.

12 David Harvey, *Spaces of Hope* (Edinburgh University Press, 2000), p. 195, 유토피아주의와 신자유주의의 유토피아적 기획에 대한 전체적 이해를 위해서는, 이 책의 제3부 133-196쪽을 참조하라.

사회와 비영리적 사회 복지의 영역들을 모두 기업경영의 논리로 환원하여 평가한다.

정진영에 의하면, 이와 같은 자본주의 경제의 나르시즘적 전개는, 정치적 과정을 매우 협소하게 할 뿐만 아니라, 정치적 과정이 담당해야 할 많은 것들을 정치 영역 밖 특히 시장으로 밀어내거나 혹은 탈정치화함으로써, 민주주의를 점진적으로 잠식한다.[13] 이렇게 시장경제에 의해서 민주적 정치 과정이 잠식당하면서, 정치는 시민들의 정치적 요구와 괴리를 보이기 시작하고, 정치는 사회 안에 잠재된 다양한 의제들을 대의적 정치 과정으로 끌어들이기 위한 노력이 되기보다는, 정당 간의 혹은 정파 간의 권력 싸움으로 변질되어 가기 시작한다. 한국처럼 시민들의 정치적 참여가 활발한 나라에서도, 대의민주주의의 대의성이나 대표성에 대한 시민의 신뢰가 떨어지고 기성의 정치 질서에 대한 불신이 심화되고 있다. 각종 조사 통계에 의하면, 대의민주주의 그 자체에 대한 기대와 신념이 줄어들고 있는 현상은 이미 세계적인 것이 되고 있다.[14]

13　정진영, 「세계화와 자유민주주의 위기의 두 얼굴: 신자유주의와 포퓰리즘의 정치적 동학」, 『한국정치학회보』 52(4), 2018 가을, 91쪽.

14　Pew Reserach Center의 발표 "Representative Democracy Remains a Popular Ideal, but People Around the World Are Critical of How It's Working"을 아래에서 참조하라,

순리적으로 보면, 이와 같은 민주주의의 신뢰 상실의 위기에 대처하는 방법은 당연히 시민의 참여와 대표성의 폭을 훨씬 더 넓히는 방향으로 정치적 과정을 활성화시키는 것이 되어야 할 것이다. 그리고 생태적 차원과 사회적 차원이 불가 분리하게 얽혀서 발생하는 기후위기 시대의 새로운 문제들을 정치적 과정 안에서 다룰 수 있도록 하기 위해서 정치적 과정을 훨씬 더 다양화하는 일이 필요할 것이다. 하지만, 실제로 드러나는 현상은 예상할 수 있는 순리와는 거리가 멀다. 이미 많은 통계들이 보여주듯이, 민주적 정치적 과정을 확장하기보다는 훨씬 더 좁히고 폐쇄하는 방향으로 움직이고 있고, 당연히 민주주의에 대한 대중의 신뢰는 더 큰 폭으로 떨어지고 있다. 그리고 이러한 정치에 대한 불신을 자양분으로 하면서, 대중의 절망과 분노를 매개로 해서 결합하는 일종의 팬덤 정치, 포퓰리즘 정치, 극우적 극단주의 등등이 정치의 전면에 등장하고 있다. 김만권에 의하면, 2018년 현재 28개 유럽연합 회권국 중에 22개 국가에서 포퓰리즘 정권이 승리하거나 약진하고 있다.[15] 이미 민주정치가 안정되어 있다고 믿었던 국가

https://www.pewresearch.org/global/2024/02/28/representative-democracy-remains-a-popular-ideal-but-people-around-the-world-are-critical-of-how-its-working/.

15 김만권, 「'탈진실' 시대의 정치와 논쟁적 민주주의 모델」, 『철학』 147, 2021.05, 147쪽.

들에서도 포퓰리즘적 정치 세력이 전면에 등장하고 있으며, 정치 그 자체가 민주적인 정치적 과정을 통해서 경쟁과 갈등을 거치면서 문제를 해결하려는 노력이 아니라 포퓰리즘적인 세력 대결로 변질되는 양상을 보이고 있다. 말하자면, 기후위기로 인한 위기감, 경제적 양극화와 불평등으로 인한 소외와 고통, 그리고 민주주의 정치에 대한 절망이 파시즘적 잠재력을 갖는 포퓰리즘적 정치로 수렴되는 경향을 보이고 있다는 것이다. 세계적으로 독재체제를 선호하는 여론이 급격히 증가하고 있음을 보여주는 미국 퓨리서치 센터의 통계는 매우 위험한 적신호를 이미 보내고 있는 것으로 보인다.[16]

4) 자본의 군사주의화와 신냉전

자본과 정치권력과 대중의 파시즘적 결합을 가능하게 할 수 있는 또 하나의 중요한 조건이 국제정치 질서 상에 등장하고 있다. 세계 도처에서 선거를 통해서 독재 권력이 등장하고 있고, 우크라이나와 팔레스타인을 포함해서 다양한 지역의 전쟁과 갈등 상황이 증폭되고 있다. 특히 동북아에서는, 미국과 중국 간의 무역

---

16 정정화, 「10명 중 6명 "민주주의 불만" … '선거독재국가'를 막으려면?」, 『프레시안』 2024.04.27.
   https://www.pressian.com/pages/articles/2024042709552306694.

갈등이 매우 위험한 군사적 갈등으로 전개될 가능성을 두려워하고 있다. 남중국해에서, 대만해협에서, 그리고 한반도에서 군사적 대결과 긴장의 분위기가 고조되고 있다. 특히 한반도에서는 지금까지 있어 왔던 남북 간의 모든 대화 채널과 평화 프로세스가 끊어지고 폐기되고 있다.

미국과 중국이 이미 갈등을 겪고 있고 우크라이나 전쟁으로 서방과 러시아 사이의 관계가 악화되면서 사실상 군사 대결을 향해 치닫고 있는 모습이다. 여기에 더해서, 나토(Nato), 쿼드(Quad: 미국, 일본, 호주, 인도가 참여하는 4개국 안보회담) 등 동맹을 통해서 진영을 나누는 국제질서가 현실화되고 있을 뿐만 아니라, 그러한 동맹들이 군사적 성격을 훨씬 더 노골적으로 드러내고 있다. 분명히 과거의 냉전과는 다른 것이겠지만, 외형상으로는 과거의 냉전 질서와 유사한 대결 구도가 만들어지고 있다. 이러한 신냉전적 대결 구도는 한반도와 같은 분단국가에서 평화와 화해를 향한 노력을 결정적으로 제약하고 있고, 패권들이 서로 만나는 경계지역에서는 다양한 형태의 긴장과 불안을 증폭시키고 있다.

표면적으로 보면, 이러한 국제정치 질서의 변화는 신자유주의 지구화 경제 질서와 모순되는 것으로 보인다. 이주민이나 난민 유입을 막기 위한 국경 봉쇄를 강화한다거나 보호무역주의적인 조치들이 강화되는 현상 등은 분명히 그런 모습으로 보일 수 있다. 하지만 이러한 국제관계나 국제정치질서의 변화를 신자유주의의 근본적인 변화로 보는 시각은 그렇게 많은 것 같지 않다.[17] 지난 시기의 문제와 위기를 새로운 배치를 만들어 가기 위한 계기로 삼으면서 끊임없이 자신을 확장해 온 신자유주의적 추구가 다시 새롭게 국제 질서를 재편하는 과정이라고 보는 것이 지배적인 시각이다.

그중에서도 가장 흥미롭고도 설득력 있는 해석은 신자유주의가 자신의 관성을 유지하기 위해서 "군사주의화"하고 있다는 시각이다. 트리시아 위자야(Trissia Wijaya)와 카니슈카 자야수리야(Kanishka Jayasuriya)의 연구에 의하면, 지금 일어나고 있는 지구적인 정치경제 질서의 변화는 "탈 지구화"도 아니고 그렇다고, 신자유주의의 거부도 아니다. 새롭게 등장하는 지구적 정치경제 질서는 미국이나 중국을 중심으로 하는 국가들이 신자유주의적 추구를 지속하기 위해서 안보기구들과 동맹들의 방향을 재설정하고 재조직하는 과정이다. 다시 말해 지구적 시장의 연결을 끊어내기 위한 노력이 아니라, 그 연결을 재조정하고 다시 연결하는 과정이라는 것이다. 그 과정의 특징은 신자유주의적 경제의 추구를 위한 국가 역할의 강화, 경제적 제도나 활동과 국가 안보의 결합, 그리고 국가의 안보와 군사적 장치들의 경제적 역

---

17 김진호, 『극우주의와 기독교』(홀가분, 2024). 특히 이 책의 제2장 "포스트 세계화시대, 안보정치와 살림정치"를 참조하라.

할 강화 등을 중요한 특징으로 한다. 다시 말해 국가를 더욱 철저하게 도구화하고, 국가나 동맹의 안보와 자본의 추구를 더욱 철저하게 결합시킴으로써, 신자유주의적 경제 질서가 군사주의화(militarization)하고 있다는 것이다.

이처럼 군사주의화하는 신자유주의는 분명히 자본과 정치권력과 대중의 위험한 파시즘적 결합을 가능하게 할 수 있는 상황을 제공하고 있는 것으로 보인다. 무엇보다 먼저 경제적 과정이 군사주의와 결합하는 이 위험한 현상은 이해관계의 갈등 상황에서 타협, 조정, 화해의 가치보다는 물리적인 해결책을 선택할 가능성을 훨씬 높여준다. 국제 위기 감시기구(International Crisis Group)가 2024년에 지켜보아야 할 10개의 주요한 갈등 상황에 대해 발표하면서 긴 부제목을 이렇게 붙이고 있다.

보다 많은 지도자들이 자신들의 목적을 군사적으로 추구하고 있다. 보다 많은 지도자들이 전쟁을 통해서 잘 해낼 수 있다고 믿고 있다.[18]

이는 군사주의화하는 신자유주의 상황에 대한 웅변이고 증언

---

18 https://www.crisisgroup.org/global/10-conflicts-watch-2024.

이다. 이런 상황에서 전쟁은 상수가 되고 평화가 예외적이 되는 현상이 더욱 일반화된다. 현실 정치권력들이나 경제 권력들이 평화운동을 폄하하고 화해나 평화의 과정을 무시하는 행태들이 곳곳에서 드러나고 있다. 유엔을 포함한 국제기구들이 해 왔던 갈등 지역의 평화를 위한 중재 역할이 거의 작동하고 있지 않는 모습을 이스라엘-팔레스타인 전쟁에서도 보고 있다. 그뿐만 아니라, 지금까지 평화유지를 위해서 기여해 왔던 각종의 무력 사용 억제 조약들, 특히 핵을 포함한 대량살상무기 사용 억제조약들이 폐기되거나 무력화되는 상황을 목격하고 있다. 말하자면 군사주의화한 신자유주의가 평화를 위해서 중요한 안전장치들을 제거하면서, 전쟁과 폭력의 사용을 정당화할 수 있는 조건을 미리 마련하고 있는 것이다.

이와 같은 국제정치 질서의 변화는 사회 내부의 문제와 갈등을 내부의 반대자들과 외부의 적을 향한 적개심과 증오로 해결하려는 파시즘적 정치가 힘을 발휘할 수 있는 좋은 조건을 제공한다. 이미 세계 도처에서 일어나고 있는 이주자, 외국인, 성소수자, 그리고 타종교를 향한 혐오와 적대주의가 쉽게 정당화될 수 있는 환경이다. 특히 아직도 냉전적 분단 상황을 유지하고 있는 한반도에서는 이처럼 혐오와 적대주의를 정당화하는 국제적 분위기가 뿌리 깊은 반공주의적 종교와 극우정치와 결합할 수 있는 위험한 가능성을 우려하지 않을 수 없는 것이다.

3. 파시즘 정치와 종교의 만남

파시즘적 경향이 강화되는 최근 현상은 일부 지역에 국한된 것이 아니라 세계적이다. 유럽과 미국만이 아니라, 아시아와 아프리카와 남아메리카에서도 나타나고 있는 공통 현상이다. 결코 통일적이지도 않고, 쉽게 지난 세기 초 유럽의 파시즘과 동일화할 수도 없지만, 곳곳에서 유령처럼 자신을 드러내고 있다. 이렇게 파시즘적 정치의 출현이 예견되고 또 실제로 나타나기도 하는 상황에서, 기독교만이 아니라 이슬람이나 힌두교 등 다양한 종교들이 파시즘적 정치와 결합하는 양상에 대한 연구들이 활발하게 일어나고 있다.[19] 여기서 시각을 기독교와 파시스트적인 극우 정치의 결합으로 좁혀 보면, 미국과 한국의 경우가 매우 두드러져 보인다.

조지 워싱턴과 같은 정치가들의 얼굴과 "우리는 하느님을 믿는다"는 종교적 문구가 정 중앙을 차지하고 있는 달러 지폐들을 보면, 이 달러가 지배하는 질서 안에서는 경제와 정치와 종교가 불가 분리하게 얽혀 있음을 실감하게 된다. 한국에서도 기독교와 우익정치가 결합해 온 역사는 결코 짧다고 말할 수 없다. 전쟁을

---

19   Samir Gandesha, eds., *Spectres of Fascism*, 1-2; Hamed Abdel-Samad, Islamic Fascism (New York: Prometheus Books, 2016).

통해서 한반도에 냉전적 분단 질서가 형성되고 유지되는 전 과정을 통해서 기독교는 반공주의적이고 친미적인 한국의 우익정치와 깊이 결합되어 있었다. 하지만 최근에 문제가 되고 있는 양국의 기독교와 극우 정치의 결합은 훨씬 더 적극적이고 행동주의적으로 변하고 있는 것처럼 보인다. 미국의 프로테스탄트 복음주의 기독교와 보수적 가톨릭 집단들이 극우 정치와 결합하는 현상에 대해서 많은 우려와 경고와 비판들이 제기되고 있고 이미 다양한 연구들이 나와 있다. 마르셀로 피구에로아에 의하면 도덕적인 원리주의, 종교적 근본주의 그리고 극우 정치가 결합하는 미국적 현상의 가장 중요한 특징은 부시 대통령의 "악의 축" 발언에서 보듯이 절대선과 절대악을 구별하는 마니키안적 언어와 프레임의 증폭이다.[20]

비판자들과 반대자들을 절대적인 악으로 규정하고, 그 악의 제거를 신이 부여한 임무로 여기면서, 그렇게 절대적으로 악마화된 적을 향한 전쟁과 폭력의 사용을 정당화하는 것이 바로 마니키안적인 틀이다. 그리고 이 마니키안적인 틀은 군사주의화한 신자유주의의 욕망과 깊이 공명하고 있다. "만군의 주"를 앞세우며 호전성을 성스러운 것으로 만들고 있는 이 마니키안적 프레임은 혐오

---

20 Marcelo Figueroa, "Evangelical Fundamentalism and Catholic Integralism: A surprising ecumenism," *La Civilta Cattolica*, 13 Luglio 2017.

와 적의(敵意)를 영성(spirituality)으로 착각하게 만들고, 그리스도의 몸인 교회를 적의와 분노의 동맹으로 만들고 있으며, 서로 다른 교회들 간의 일치를 분노와 혐오로 뭉친 일치와 연대로 만들고 있다고 비평가들은 경고하고 있다. 이런 비평들은 지금 미국에서 전개되는 파시즘적 정치들 안에서, 도덕적 원리주의와 종교적 근본주의가 군사주의화하는 신자유주의와 대중의 불안을 결합시키는 매우 중요한 역할을 하고 있음을 보여준다. 이처럼 종교의 중요한 역할을 강조하면서, 미국의 정치이론가 윌리엄 코놀리는 트럼프 이후 미국의 극우 정치와 복음주의 기독교의 결합을, "복음주의-자본주의 공진기계"로 개념화하고, 그러한 결합들의 성격을 열망적 파시즘(aspirational fascism)으로 설명한다.[21]

이미 말했듯이, 한국에서도 기독교는 친미주의와 반공주의를 핵심으로 하는 극우 정치와 오랫동안 깊이 결합을 유지해 왔다. 그것은 결코 소극적 참여가 아니었다. 한국의 우파 기독교는 친미와 반공과 극우정치 사이의 모든 균열이나 갈등들을 메우고 치유하는 매우 적극적인 역할을 해 왔다.[22] 그리고 한국의 극우 기

---

21   William W. Connolly, Aspirational *Fascism: The Struggle for Multifaceted Democracy Under Trumpism* (Minneapolis, University of Minnesota Press, 2017); "The Evangelical-Capitalist Resonance Machine," *Political Theory* 33(6)(2005.10), pp. 869-886.

22   김진호, 「태극기집회와 개신교 우파: 또 다시 꿈틀대는 극우주의적 기

독교에게 반공과 미국식 자본주의에 대한 찬양은 기독교적 가치와 구별할 수 없을 정도로 일체화되어 있다.[23] 홍승표는 이처럼 반공주의적인 극우정치와 결합한 기독교 신앙이 한국 사회 안에 혐오와 적대의 정서를 생산하고 동시에 소수자의 목소리나 다양성을 용인하지 않는 폭력성과 억압기제로 작동하고 있다고 주장한다.[24] 하지만 1990년대 이후 한국에서 기독교와 우익 정치의 결합은 훨씬 더 정치적으로 행동주의화하고 있다는 평가가 힘을 얻고 있다. 김현준은 2017년에 발표된 논문 〈개신교 우익 청년 대중 운동의 형성〉에서 한국의 개신교 단체들과 우익 정치세력이 공모해서 반공주의와 소수자에 대한 차별과 혐오를 강력하게 주장하면서, 소수자들에 대항한 "문화전쟁과 입법전쟁"과 동시에 북한에 대항한 "통일전쟁"을 마다하지 않는 극우세력으로 그리고 "대중운동"으로 성장하고 있다고 진단한다.[25] 같은 해에 발표된 김진호의 〈태극기 집회와 개신교 우파〉 역시 극우 개신교가

획」,『황해문화』, 2017년 여름, 88쪽.

23   김권정, 「해방 후 기독교 세력의 동향과 국가 건설 운동,"『숭실사학』 29, 2012, 217쪽.

24   홍승표, 「한국교회의 한국전쟁 인식과 역사적 반성」,《뉴스앤조이》 2020.06.17.
     https://www.newsnjoy.or.kr/news/articleView.html?idxno=300842.

25   김현준, 「개신교 우익청년 대중운동의 형성」,『문화과학』 91, 2017, 83쪽.

신비주의에 빠진 대중들에게 "이데올로기의 갑옷"을 입히고 "증오의 영"을 불어넣으면서 그들이 "공격적 극우주의"와 "폭력의 체계"로 발전할 가능성을 경고하고 있다.[26]

그렇다면 이렇게 극우정치와 자본주의 경제와 종교의 결합을 만들어내는 동인은 무엇인가? 대부분은 역사적 설명과 인과론에 의지하고 있는 것처럼 보인다. 하지만 역사적 설명만으로 그러한 결합의 동인을 설명하기는 어렵다. 어떤 곳에서도 종교와 파시스트적 정치의 결합만이 역사적 경험의 전부라고 말할 수 없고, 해방적이고 민주적인 정치와 결합해 온 경험 역시 다양하게 있기 때문이다. 그리고 이념적이거나 교리적인 이유로도 그 결합을 설명하기 쉽지 않다. 한국의 보수 기독교인들의 신앙이 반공주의라는 극우 정치 이데올로기와 거의 일체화되어 있다고 할지라도, 그들과 극우 정치 사이에 교리나 이념상의 충분한 일치가 존재한다고 말할 수는 없다. 경제적 혹은 정치적 이익의 관점으로 그 결합의 동인을 설명하는 것도 그렇게 설득력이 있어 보이지 않는다. 기독교 근본주의자들과 자본이 경제적 이해관계를 공유하고 있다고 말할 수 있는 근거가 있는지 그리고 파시스트적 정치권력과 대중의 정치적 이해가 반드시 일치하는지 매우 의심스럽다.

---

26 김진호, 「태극기집회와 개신교 우파」, 92-93쪽.

극우정치와 자본과 매체와 대중이 자발적인 결합관계를 이루는 동인을 단순한 몇몇 인과론으로 설명하기는 매우 어렵다고 본다. 이 결합은 어떤 하나의 원인으로 환원할 수 없는 복잡계에 가깝다. 그리고 바로 그 복잡성 때문에 쉽게 예측하기 힘든 잠재적 폭발력과 변동성도 또한 가질 수 있는 것이다.

자본과 극우정치와 종교의 결합 현상을 이처럼 복잡계로 파악하고 있다는 점에서, 윌리암 코놀리의 "열망적 파시즘"이 보여주는 해석은 매우 흥미롭다.[27] 그의 분석에 의하면, 미국에서 이루어지고 있는 종교와 정치와 자본의 결합은 복음주의 기독교, 우파정치, 자본과 기업들, 매체들 등등의 다양한 요소들로 이루어진다. 하지만 특정한 세력이 다른 모든 세력을 굴복시키는 방식으로 이루어지지 않는다. 그리고 단순한 인과론이 아니라 복잡한 관계들이 중첩되어 있는 결합이다. 그리고 인과를 충분히 설명할 수 있는 상황에서 조직화, 결집, 혹은 공동의 행동이 만들어지는 것이 아니라, 오히려 행동적 실천이 모든 인과적 문제들을 압도하면서 먼저 실현된다. 쉽게 인과적으로 연결시킬 수 없는 구성 요소들 사이에 거대한 공진(resonance)을 만들어내는 것은, 오히려 행동적이거나 정동적(情動的)인 성향들이라고 볼 수 있다.

---

27 William Connolly, *The Fragility of Things* (Duke University Press, 2013), pp. 21-22.

이렇게 만들어진 공진이 모든 구성원들의 인식, 신조, 이해관계, 제도 등에 침투하여 그것들을 굴절시켜 내면서 오히려 그 공진을 거대한 기계로 만들어간다는 것이다. 이것이 코놀리가 말하는 "복음주의-자본주의 공진기계"다.

다시 말해, 자본과 종교의 파시즘적 결합은 정동적인 성향의 공진이다. 한쪽에는 무력을 이용해서라도 경제적 탐욕과 특권을 유지하려는 자본의 욕망이 있고, 다른 한쪽에는 도덕적 근본주의와 불신자에 대한 심판이라는 종교적 욕망이 자리 잡고 있다. 이 두 욕망이 함께 나누고 있는 성향은 반대자를 절대적인 악으로 만들어 완전히 제거하기를 원하는 마니키안적 욕망과 적의다. 그래서 경제적 탐욕에 젖은 사람들의 실존적 호전성이 그리스도의 의로운 폭력을 가시화하려는 사람들의 초월적인 분노와 공명한다. 한쪽은 자신들의 경제적 욕망 추구를 방해하는 모든 세력을 적으로 만들어 밀어낼 수 있는 길을 찾고 있고, 다른 한쪽은 불신자들에 대항한 심판의 날을 준비하고 있다. 군사주의화한 자본, 도덕적 원리주의, 그리고 종교적 근본주의가 이렇게 절대악에 대한 적의와 분노로 파시즘적 결합을 이루고 있다.

여기서 중요한 것은 윌리엄 코놀리가 자본과 종교와 대중의 파시즘적 결합의 필연성을 말하고 있지 않다는 것이다. 반드시 파시즘적 결합을 만들어내게 되는 어떤 존재론적 이유 같은 것은 거기에 없다. 그래서 그는 종교와 대중이 전혀 다른 모습의 정치적 결합을 형성할 가능성도 열려 있다고 본다. 과거에 종교가 민주, 평화, 정의, 인권, 평화 등의 가치를 중심으로 하는 대중들의 열망과 만났던 것처럼, 전혀 다른 모습의 결합 혹은 연대를 만들어낼 가능성이 충분히 있다는 것이다.

4. 평화를 위한 연대의 힘으로서의 종교

위기 앞에서, 종교는 두 가지 가능성을 가지고 있는 것으로 보인다. 하나는 그 위기로부터 예외적인 개인이나 집단이 되는 길을 찾는 것이고, 다른 하나는 위기의 한복판에 참여하여 새로운 삶의 가능성을 찾아서 분투하는 길이다. 예외적 개인이나 집단이 된다는 것은, 지금의 위기를 절대적 선과 절대적 악의 이분법적 대결로 보고, 절대 악에 대한 미움과 증오로 단결하여 그 절대 악을 제거하면 과거의 안정으로 돌아갈 수 있다는 태도다. 하지만 과거에나 지금이나 종교들의 사회적 실천이 이와 같은 방식으로만 이루어지고 있는 것은 결코 아니다. 위기의 밖에 있는 예외자적 관점이 아니라, 위기의 한복판에 있으면서 지금의 위기를 불러 온 원인의 일부로서 자신들을 바라보는 책임적인 시각을 가진 종교적 실천 운동들이 얼마든지 있다. 그러므로, 물어야 할 질문은 종교가 절망과 분노의 연대를 위한 에너지가 아니라, 희망과 사랑의 연대를 더욱 확장할 수 있는 건강한 에너지가 되는 길에 관한 것이어야 한다.

다시 말해, 종교가 파시즘적 정치와 결합하여, 복수심을 향한 영성을 불태우면서 절망과 분노의 연대를 만들어 가게 되는 이유를 단순히 그 종교의 교리와 신조 혹은 영성과 신학에 대한 오해에서 비롯되었다고 말할 수 없다는 말이다. 기독교의 역사에 한정해서 살펴보아도, 갈릴리의 예수가 추구했던 실천과 영성이 로마 제국의 황제를 위한 종교가 된 기독교의 실천 형태나 영성이 같은 것일 수 없다. 마르틴 루터 킹 목사의 길과 지금 미국 극우 기독교의 모습은 같은 뿌리에서 왔다고 할 수 없을 정도로 다르다. 그리고 한국에서도 민중신학이나 평화신학과 함께했던 기독교인들이 추구했던 영성과 연대는 지금의 극우정치와 결합하는 기독교인들이 추구하는 분노의 연대와는 전혀 다르다. 하지만, 그 두 가지 길이 모두 기독교 성서와 전통과 교리에 기대어 자신들의 주장을 펼치고 있다. 어느 한쪽이 진실을 오해하거나 왜곡하고 있다는 말로는 그렇게 오랫동안 지속되어 온 그 둘의 차이를 충분히 설명할 수 없다.

위기 앞에서 두려움을 느끼고 또 때로는 분노를 느끼게 되는 것은 어쩌면 당연한 것일 수 있다. 자기를 지키려는 물질적이고 신체적인 생명체의 당연한 반응일 수 있다. 하지만 그러한 두려움과 분노를 상대방의 파괴와 제거를 위한 폭력적 복수심으로 만들어가는 것과, 위기를 도전으로 보고 그 두려움과 분노를 새로운 관계와 질서를 만들어내기 위한 건설적인 에너지로 삼는 것은 전혀 다른 길이다. 폭력적 복수심으로 가득한 분노와 적의의 연대는 문제를 해결하거나 극복하는 방식이 될 수 없다. 그것은 위기를 자신을 성찰할 수 있는 최소한의 기회나 도전으로도 보지 않겠다는 태도다. 현재 질서의 기득권을 중심으로 철저하게 결집하여 위기를 전혀 불필요한 것으로 만들어 버리겠다는 태도다. 그렇게 마니키안적인 이분법으로 위기를 처리하기 위해서, 기득권은 자신과 자신을 중심으로 결집하는 개인이나 집단에게 예외적 특권을 부여해야 한다.

종교들 안에는, 특히 기독교 안에는, 믿는 자들과 불신자들을 이분법적으로 구별하여 믿는 자들에게 예외적이고 특권적 위치를 부여하는 신학적 · 영성적 추구가 깊이 자리 잡고 있다. 그리고 이 예외주의적 특권적 신학이 마니키안적인 정치와 결합해 온 오랜 역사가 있다. 믿는 자들을 위한 예외적 특권이 황제와 통치자의 예외주의적 특권이 되고, 더 나아가, 인종적 특권이 되고, 식민주의적 정복의 특권이 되고, 모든 생물들과 무생물들에 대항한 인간 종의 특권이 되어 온 역사적 과정과 그 결과를 지금의 위기 속에서 우리가 보고 있다. 종교가 진정으로 민중의 해방과 구원을 위한 종교가 되고, 모든 생명들의 평화와 화해를 위한 길이 되려면, 지금까지 분노와 적의의 연대를 만들어 오는데 기여한 교리와 신조와 전통과 관습 그리고 신학과 영성을 좀 더 철저하게 반성하는 일이 반드시 필요하다고 생각한다.

위기 앞에서 느끼는 두려움과 불안과 분노가 삶을 지속시키려는 의지를 가진 생명의 당연한 반응이라면, 그러한 감정들은 진정으로 살 수 있는 길을 찾는 동기가 되고 힘이 되어야 한다. 위기 앞에서 느끼는 무력함과 나약함을 나와 내 집단의 삶이 타자들과 다른 피조물들의 삶과 깊이 얽혀 있다는 사실을 확인하는 계기로 만들어야 한다. 그래서 두려움, 불안, 분노와 같은 감정들이 나와 내 집단의 이기적 울타리를 열고 새 삶을 시작할 수 있는 에너지가 되게 해야 하고, 정의와 평화의 새 질서를 향해 나아갈 수 있는 용기가 되게 해야 한다. 민중신학적으로 말하자면 민중의 두려움과 불안과 분노가 마니키안적 복수의 정치와 파시즘적으로 결합한다는 것은 대중이 자학적 자기 파괴와 폭력의 길로 들어가는 것이다.[28] 그러므로 살려는 생명이 느끼는 두려움과 불안을 파괴와 폭력의 힘이 아니라 진정한 살림의 에너지로 전환시켜 내는 것이 평화의 종교가 해야할 가장 중요한 역할이다.

평화 운동가들은 지금은 최선을 위해서가 아니라 최악을 막기 위해서 평화를 향한 힘을 모으고 또 주장해야 할 때라고 말하

28　서남동, 『민중신학의 탐구』, 한길사, 1983, 101쪽.

고 있다. 한반도와 동북아의 현실도 최악의 경우를 염려해야 하는 상황으로 치닫고 있다. 이러한 지정학적 위기 속에서, 종교와 자본과 정치의 파시즘적 결합은 예측하기 힘든 최악의 가능성을 또한 품고 있다고 생각한다. 그래서 지금은 종교들이 가지고 있는 정의와 평화를 향한 모든 정신적 자산들을 함께 모아서 위기와 만나야 하는 때라고 생각한다. 모든 종교들이 위기를 절망과 종말의 때로 받아들이는 것이 아니라 새로운 질서를 잉태하는 순간으로 변화시켜 낼 수 있는 소중한 영적 지혜와 자원들을 가지고 있다고 믿는다. 이러한 자원들이 대중들과 만나서 평화를 위한 희망의 연대를 만들어갈 수 있는 길을 찾기 위해서 할 수 있는 모든 노력을 다해야 할 때다.

06. 미나마타병(水俣病) 운동의 평화적 공생 사상과 그 실천

― 본원회(本願の会) 활동을 중심으로

기타지마 기신

1. 들어가는 말

일본에서는 물질적 풍요의 끝없는 추구가 사회발전을 가져오고, 그에 따라 자동적으로 인간의 행복이 실현되어 간다는 이데올로기가 1950년대 중반부터 국민 사이에 침투해 있었다. 이는 1955년부터 1970년까지 10% 전후의 경제성장을 계속 이어 온 일본의 현실을 반영한 것이었다. 하지만 동시에 이러한 고도경제성장은 중화학공업과 밀접하게 결부되어 있었고, 그러한 '발전'은 대기오염과 공장 폐수 등으로 인한 피해를 불가피하게 야기했다. 그 전형적인 사례가 바로 '미나마타병'이었다.

미나마타병(水俣病)이란, 1932년 이래, 일본질소비료주식회사(日本窒素肥糧株式會社, 후에 칫소주식회사, チッソ株式會社)의 미나마타 공장으로부터 바다에 계속 배출된 유기수은(有機水銀)이 어패류를 통해 사람들의 체내에 섭취되고, 그러한 축적으로 인해 초래되는 중추신경질환, 뇌의 신경세포가 소실·상해되는 병을 의미한다. 그로 인해 많은 사람들과 생물이 죽음을 맞았고, 살아남은 사람도 후유증에 시달렸다. 또한 이 질병은 태아에게도 영향을 미쳤다. 미나마타병은 1956년에 공식 확인되었으며, 이러한 현실에 항거하는 조직적 운동은 1959년에 시라누이카이(不知火海)의 어민 3000명에 의해 시작된다. 이들은 칫소 미나마타 공장이 바다로 배출하는 유기수은 배수의 정지를 요구하는 행동을 전개한다. 1968년에는 정부는 미나마타병을 공해로 인정하고 '환자 소송파'는 칫소에 대한 손해배상 청구소송을 구마모토 지방법원에 제소했다. 같은 해에는 이시무레 미치코(石牟礼道子) 씨 등의 주도로 미나마타병을 고발하는 모임(水俣病を告発する会)이 발족된다.

오가타 마사토(緒方正人) 씨나 이시무레 미치코(石牟礼道子) 씨 등을 중심으로 1994년에 결성된 본원회(本願の会)는 칫소·국가(정부)·구마모토 현(チッソ·国·熊本県)에 항거하는 투쟁 가운데 존재하는 제도·구조의 책임 추궁이 한계에 이르렀을 때, '생명'의 연결 회복에 필요한 대처로서 생겨났다고 말할 수 있다. 미나마타병에서는 칫소(기업)·국가(중앙정부)·구마모토 현(지자체)의 삼자가 가해자라는 점은 구조적 사실이지만, 투쟁 과정에서는 인간의 책임이라는 중대한 문제를 묻지 않았다. 본원회는 가해자와 피해자의 관계를 이항대립적으로 보는 것이 아니라 미나마타 매립지를 '함께 서는 자리'(共に立つ場)로 설정하고, 거기서 신사

쿠노(新作能)[1]인 〈시라누이〉(不知火) 상연을 촉구했다. 본원회의 참여 호소를 칫소 본사가 인정하면서 칫소의 사원들도 가세위원회(加勢委員会), 즉 실행위원회에 주체적으로 참가 신청하게 되었고, 비로소 피해자와 가해자의 이항 대립을 넘어서는 길이 열렸을 뿐만 아니라, 미나마타병 환자와 환자가 아닌 시민과의 깊은 대립도 넘어설 수 있는 길이 열릴 수 있었다.

미나마타병을 초래한 가해자는 칫소(기업)·국가(중앙정부)·구마모토 현(지자체)이었고, 피해자는 주민이었다. 하지만 주민, 현민, 국민 모두 물질적 풍요를 추구해 왔으니, 이항 대립적 구조를 초월한 평화적 공생의 관점과 실천이 필요했다. 이 글에서는 그것을 가능하게 한 동력이 본원회가 전개한 활동이었으며, 거기서 발견되는 토착적 종교의 무엇이 평화적 공생 운동을 전개할 수 있도록 이끈 요인이었는지 밝히려 한다.

---

1   역자주: 노(能)는 일본 가마쿠라 시대 말기와 무로마치 시대 초기 사이에 완성된 가무극으로, 가면을 쓰고 노래와 음악과 함께 춤을 추는 일종의 무용극이다. 신사쿠노(新作能)는 메이지 시대 이후에 창작된 노(能)를 가리킨다.

2. 본원회 설립자 오가타 마사토의 사상 전환

1) 피해자 및 가해자의 이항대립으로부터 상호관계성의 시점으로 전환

미나마타병 환자소송파 및 자주교섭파는 1969년에 칫소에 대한 손해보상 청구소송을 구마모토 지방법원에 제소한 후 1974년에 칫소와 보상 협정을 체결한다. 오가타 마사토(緒方正人)는 1974년에 미나마타병 환자로 인정 받기 위해 신청하는 과정에서, 발족한 지 얼마 되지 않은 미나마타병 인정 신청 환자 협의회(水俁病認定申請患者協議会, 대표 川本輝夫)에 참가하여 활동을 개시한다. 하지만 오가타 마사토 씨에 의하면, 그 당시의 운동은 '재판이나 인정 신청'이라는 제도 안에서의 절차적 운동이 중심이 되고 있었다. 오가타 씨는 그렇게 될 수밖에 없었던 사회·정치적 이유에 대하여 다음과 같이 말하고 있다.

구마모토 현 지사에게 인정 신청을 해서 거기서 인정받지 못하면 칫소(기업)는 환자로 인정하지 않았고 보상 대상에서도 제외되는 것이 정착돼 있었습니다. 어디선가 재판을 하거나 혹은 인정신청이라는 절차를 밟지 않으면 직접적 가해자인 칫소에게

갈 수 없었습니다.[2]

  당시 문제 해결 방법은 정치적 제도로 왜소화(矮小化), 한정화 (限定化)되어 있었다. 따라서 인간의 본질적 존재 의미와 권리를 묻는 방향성으로 이 문제를 취급하는 길은 방해받고 있었다. 그 결과, 운동 자체가 주목해야 할 '구조적인 미나마타병 사건으로서 의 책임 문제'는 '시스템의 책임'으로 축소(왜소화)되어 가장 중요 한 '인간의 책임'이라는 과제는 운동 조직과 기업·구마모토 현· 국가라는 쌍방으로부터 "빠져나가 버리는" 결과로 이어졌다.

  국가(중앙정부)나 구마모토 현(지방정부)은 가해 기업인 칫소를 옹호하는 입장을 견지하며 산업 우선 정책을 추진해 온 것은 사 실이다. 당시 운동단체는 그 가해 책임을 추궁하고 있었고 자기 (스스로)는 피해자이기 때문에 자기(스스로)가 추궁당하는 일은 없었다. 하지만 인간의 책임으로 눈을 돌려 보게 되면 "너는 어떠 한가?"라는 추궁을 받게 된다. 그것은 "자신이 칫소의 노동자 혹 은 간부였다면 어떻게 했을까?"라는 질문을 해보는 것이며, 그 질 문에 대해서는 "절대로 같은 일을 하고 있지 않았을 것"이라고 자 신 있게 말할 수 있는 근거를 찾기 힘들다. '근대화'로 상징되는

2   緒方正人, 『チッソは私であつた』(河出文庫, 2020), p. 43.

물질적 풍요를 추구한 사회는 다름 아닌 우리 자신이기도 하다는 사실을 깨달았던 오가타 마사토 씨는 피해자 및 가해자의 이항 대립을 넘어서는 관점의 필요성을 절감한 것이다. 그리하여 오가타 씨는 다음과 같은 결론에 이른다.

> 저는 가해자 칫소를 예전에는 저와 동떨어진 다른 존재라고 생각했어요. 회사이며, 권력이며, 체제라고 생각했습니다. 그런데 스스로에게도 질문이 들려왔습니다. 즉, 이 사건의 의미를 숙고할 때, 나 자신도 또 한 사람의 칫소였다는 생각을 떨쳐 낼 수 없었습니다. 생명의 연결망으로부터 나 자신도 멀어지고 있는 것은 아닐까 하는 위기감을 느꼈습니다. (…) 시대 자체가 칫소화(チッソ化)되어 온 것이 아닌가 하는 의미에서, 저 또한 [가해의] 당사자 중 한 명이 되어 있었다고 생각합니다. 예전에는 칫소에 대한 원망에 집중했던 것이 어느 순간 인간에 대한 원망이 되어 갔습니다. 칫소 쪽은 전부 악당이 되어 있었고, 어딘가 자신은 다른 틀에 놓여 있었습니다. 하지만 저 자신을 크게 역전시키게 된 계기는 저 자신을 칫소 안에 두었을 때 비로소 사안을 역전시켜 새롭게 볼 수 있게 된 것입니다.[3]

---

3   緒方正人, 同書, pp. 72-73.

이런 성찰의 과정을 통하여 오가타 마사토 씨는 '이항 대립을 넘어서는 행동'을 시작한다. 그것은 칫소의 공장 문 앞에 홀로 앉아 몸을 노출시키는 것(身を晒す)이었다. 그것은, "칫소가 자신의 출발점이기도 하며, 표현의 장소라는 것, 하지만 한편으로는 그 자신이 동시에 언제라도 칫소 안에 포섭되어 시스템의 일원이 될 수도 있는 존재라는 점, 나緒方正시에게 칫소가 그러한 양의적(両義的)인 의미를 가지는 장소라는 점을 확실히 해두고 싶었"[4]기 때문이었다.

2) 상호관계성의 구체화를 목표로 한 오가타의 행동과 사람들의 의식 변화

1987년 12월에 오가타 마사토 씨는 의도적으로 플라스틱 선박이 아닌 목조 선박의 제작을 의뢰해 그 배에 돛을 세워 바다로 나가 칫소 공장을 향해 운항했다. 어항에 도착하자 준비해 둔 리어카에 시치린(七輪, 곤로/풍로의 일종), 멍석(짚으로 엮은 깔개, 거적), 소주(술) 등을 싣고 칫소 공장 정문을 향했다. 정문 바로 안쪽에 있는 수위실로 가서는 자신의 이름을 밝히고 미나마타병 때문에 문 앞에 앉겠다고 인사하고 멍석을 깔고 앉았다. 그리고 준비해

---

4   辻信一 編, 『常世の舟を漕ぎて』(ゆっくり小文庫, 2020), p. 152.

온 멍석에 '칫소의 사람'(チッソの衆), '피해민의 사람'(被害民の衆), '세상의 사람'(世の衆)이라는 세 주제를 내세운 호소문을 써서 철망 위에 걸어 세웠다.

「칫소의 사람들이여! (여러분!)」이 미나마타병 사건은 / 사람이 사람을 사람이라고 생각하지 않게 된 그 때부터 / 시작된 것이다. / 이제 곧 '인간의 책임'을 인정하는 것이 어떠한가? / 제발 이 '추궁하는 호소문'에 대답해 달라! / 칫소의 사람들이여! / 빨리 돌아오시라! / 돌아오시라! /

「피해민의 사람들이여!(여러분!)」 요사이 인정제도라든가 / 재판 등등, 구조적 틀 안에서만 다뤄지는 / 미나마타병에 걸린 것은 아닙니까? / 이것이 / 국가(중앙정부)나 현(지방정부)에 포섭되어 있다는 것은 생각해 보지 않았습니까? 미나마타병 사건은 인간의 / 삶의 방식을 생각하지 않았기 때문에 일어난 일입니다. / 우리는 이곳의 바다와 산을 마주하고 살아갑니다. / 환자가 아닌 것입니다. / 인간이 살고 있는 것입니다. /

「세상 사람들이여! (일반 시민 여러분!)」 / 이곳 미나마타에 환경박람회를 기획하고 있는 국가(정부)가 있습니다. / (그것은) 많은 사람들을 괴롭히다 죽여 버린 그 손으로 / 다시 이 사건의 마지막 기만적인 쇼(幕引きの猿芝居)를 / 무대에 올리려는 악귀들의 모습입니다. / 세상 사람들이여! / 이 사태 또한 모른 체 하렵니까?[5]

여기서는 우선 칫소에 대해서, 미나마타병 사건은 인간이라는 것을 생각하지 않았기 때문에 일어난 것이므로, 지금이야말로 인간의 책임이라는 입장으로 돌아가라, '한없는 생명'으로 돌아가라, 이것이야말로 피해자·가해자의 이항 대립을 넘어 함께 사는 유일한 길이라는 새로운 상생의 입장을 제기하고 있다. 둘째로는 피해자에 대한 '인간 회복'을 향한 호소이다. 미나마타병 개선의 길이 인정 제도의 막다른 골목에 빠져, 중요한 인간 회복의 길이 망각되고 있는 것에 대한 경종이다. 그러기 위해서는 자연을 마주할 필요가 있다. 자신도 자연 안에서 활용되고 있기 때문이다. 셋째는 일반 시민에 대한 호소이다. 미나마타병은 '인간 무시'가 근저에 있으며, 그에 대해 국가·현은 눈을 돌리려고 하지 않고, 얼마 되지 않는 보상으로 대충 덮어 끝내려고 하는 현실에 눈을 돌려, 함께 인간 회복의 입장에 서 주기를 바란다는 문제 제기이다. 이 세 가지의 문제 제기는 이항 대립을 넘어서고, 사회적 입장들을 극복하여 인간 회복을 기축으로 평화적 공생 사회로 향하는 공통 기반이 되는 것이다.

5   辻信一, 同書, pp. 160-162.

이에 이런 제기를 하며 칫소 정문 앞에 앉아 있는 오가타 마사토 씨에게 행인들도 말을 걸어주고, 인사하는 칫소 관계자도 나타났다. 또 짚을 엮으며 짚신을 만들고 있는데 칫소 종업원이 동참해 함께 만들어 주기도 했다. 또한 짚신 만드는 오가타 씨를 보고 "그립고 정겹다"는 말을 하는 칫소의 노동자들에게 회사 사람의 얼굴이 사라지고 어느 순간 인간 본연의 다른 표정이 나타난다는 것을 오가타 씨는 깨달았다. 이런 과정을 통해서 오가타 씨의 행동은 '제도'에 포섭된 사람들을 서서히 인간화시키면서 대화를 가능케 한 것이다. 여기서 이항대립을 넘어선 길이 실천적으로 열리기 시작했음을 볼 수 있다. 오가타 씨는 이러한 행동을 회고하면서 다음과 같이 말하고 있다.

이렇게 행동한 것에는 전혀 후회가 없어요. 내가 결정한 거니까요. 「호소문」을 내걸고 그것만으로 끝나버렸다면 '나무아미타불'이라고 염불만 외우는 사람이 되었을지도 모릅니다. 이른바 기성 불교, 장례불교적인 것으로 도망쳐 버렸을 가능성이 있습니다. 하지만 자신을 표현하고 싶었고, 자신을 확인하고 싶은 마음이 강했던 것입니다. 행동으로 옮기기를 정말 잘했다고 생각합니다."[6]

오가타씨는 1986년 1월 6일에 칫소주식회사 사장에게 호소문을 제출했다. 거기에서 그는 함께 본래의 인간으로 돌아갈 것을 호소하였고, 자신의 행위에 대한 반성적 고백이 필요하다고 적었다. 그에 대한 대답이 불충분했기 때문에 오가타씨는 1987년 12월 7일에 칫소 공장의 문 앞에서 "나는 언제든지 칫소 앞에 있다"는 것을 확인하기 위해 "몸을 노출하기"라는 비폭력 행동을 실행에 옮겼던 것이다. 그 행동은 칫소가 자신의 출발점이자 표현의 장인 동시에 자신이 언제든 칫소 안에 포섭되어 시스템의 일원이 될 수도 있는 존재임을 보여주기 위한 시도이기도 했다.

오가타 씨의 행동에는 '나무아미타불'에 관한 언급에서도 알 수 있듯이 종교성이 존재하고 있다. 오가타 씨는 조도신슈(浄土真宗)가 나무아미타불을 마음 속에만 가둬두고 신앙과 사회적 행동을 분리하는 교단이라며 비판한다. 인간이 해방되기 위해서는 '마음'과 '사회적 활동'을 불이일체(不二一体)로 보고, 자기를 절대화하지 않고 상호관계 속에 자기를 위치시키면서, 다른 사람을 적대시하지 않아야 한다는 비판이었다. 비폭력적 공생의 관점으로

6   辻信一, 同書, p. 171.

서, 오가타 씨가 지속적으로 관철하고 있는 태도였다. 이 시점은 본래 어느 종교에나 존재하는 것이지만 구미형 근대에서는 누락 혹은 경시되고 있다. 이에 대해 오가타 씨의 시각은 오늘날 종교가 빠지기 쉬운 '비사회성'(非社会性)을 극복하고 있는 것이기도 하다.

구미형 근대의 주류 종교사상에서 종교의 역할은 마음속(心の中)에만 한정되는 경향이 강하다. 일본의 정토진종 교단의 주류 사상에서도 마찬가지여서, 나무아미타불을 관념의 세계에 가두는 경향이 메이지 이후 강하게 나타난다. 거기서 주체적 결단과 행동은 나오지 않게 되었고, 지배적 정치적 이데올로기에 영합하는 행동밖에 나오지 않는다. 이것이 근대 천황제 하에 있던 정토진종 교단의 모습이기도 하다.

미나마타(水俣)가 자리 잡고 있는 구마모토 현(熊本県)은 호쿠리쿠(北陸) 지역에 이어 사람들의 생활 속에 정토진종이 정착되어 있는 지역이다. 그러나 이 지역의 '교단 정토진종'은 미나마타병 운동에 대한 지원에 대해서는 아무것도 하지 않았다. 그것은 특히 메이지 이후, 나무아미타불의 작용을 마음속으로만 한정하였고, 사회적 활동에 대해서는 세속법에 무조건 따를 것을 강제하였기 때문이다. 또한 그러한 이데올로기가 오늘날에도 현실적으로는 주류를 이루고 있기 때문이다. 이에 대해서 "무한한 생명으로 이어지라"(限りなき命につながれ)는 오가타 씨의 사상과 행동

은 나무아미타불을 사회와 연결시켜 공생사회 실현을 목표로 하는 본래의 '신란 정토진종'(親鸞浄土真宗)을 아래로부터 민중의 편에 서서 되살리는 시도로 이어질 수 있다.

인간이 가치관을 전환하면 행동이 달라진다. 특히 미나마타에서는 미나마타병을 극복하고 인간성을 회복시키기 위해서는 가치관의 전환이 필요하며 이는 행동으로 이어진다. 그 행동을 전개했을 때, 새로운 세계가 열리는 것이다. 오가타 마사토 씨의 행동은, 지금까지는 거의 불가능했던, 타자 및 적대자와의 상호 대화의 구체화를 가져왔다. 오가타 씨의 행동은 '반성'(みかえり)만 요구하는 것이 아니며, 거기에는 종교성이 보인다.

오가타 씨는, 종래의 '인정 신청'에 특징적으로 나타나 있는 운동의 한계성을 느꼈을 때, 인간성의 회복을 향한 대처만이 마지막 기회라고 생각하기에 이르렀다. 그 대처의 방향이 무엇을 가져올지가 불분명하였어도 주체적으로 그 방향을 선택·결단할 수밖에 없었다. 종교는 이러한 결단을 가능하게 이끌었으며, 그것을 보호해 주었다. 그 구체적인 예로서 정토진종의 원류가 되는 중국 정토교(中国浄土教)에서 선도(善導, 613~681년)의 사상을 살펴보고 싶다.

3. 인간적 '행동결단'의 정토교적 구조

1) 선도의 『관경사첩소』에 나타난 '행동 결단'의 구조

종교에서 행동을 결단하고 결행하는 것은 어떤 구조를 가지고 있는 것일까? 이 과제에 대해 중국 정토교의 대성자(大成者)이자 호넨(法然)이 근거로 삼았던 선도(善導, 613~681년)는 『불설관무량수경』(佛說観無量壽經)의 주석서인 『관경사첩소』(觀經四帖疏)의 『니가히』(二河譬, にがひ)에 응답하고 있다. 이것은 번뇌의 발현에 비유되는 '불의 강'(火の河, 격렬한 분노·분개의 비유)과 '물의 강'(水の河, 극심한 욕망·집착의 비유) 사이에서 정토 진실 세계(浄土真実世界)까지 이어진 폭 10센티미터 정도의 길을 앞에 두었을 때, 나그네(구도자의 비유)가 어떠한 결단을 하고 실천하여 서쪽 기슭(西方浄土, 서방 정토)에까지 도달했는지 설파한 것이다.

서쪽(정토)을 향해 황야를 걷는 한 나그네(구도자)가 있다. 그러자 홀연히 눈앞에 '물과 불'의 두 큰 강(大河)이 등장한다. 어찌해야 할지 고민하고 있는데 도적이나 무서운 짐승이 나타나 그 나그네를 덮쳐 죽이려 하였다. 여행자는 도망치려고 서쪽으로 향하였는데 이 두 큰 강을 보고 다음과 같이 생각했다.

이 강은 남북으로 끝없이 한 가운데에 한 줄기 하얀 길이 보이는데 그것은 지극히 좁다. 동서 양안 사이는 가깝지만 어찌 건널 수 있겠는가? 나는 오늘 틀림없이 죽고 말 것이다. 동쪽으로 되돌아가려고 하면 도적이나 무서운 짐승들이 점차 다가온다. 남쪽이나 북쪽으로 도망치려 하면 무서운 짐승이나 독충이 앞다퉈 나를 향해 온다. 서쪽을 향해 길을 따라가려면 또 다시 이 물과 불의 강에 빠질 것이다. … 나는 지금 되돌아가도 죽고 머물러 있어도 죽으며 나아가도 죽는다. 죽음을 피할 수 없다면 차라리 이 길을 따라 앞으로 나아가자. 이미 이 길이 펼쳐져 있으니 반드시 건널 수 있으리라.[7]

이는 자신이 처한 현실을 행동으로 극복하기 위한 결의를 밝힌 것이다. 이 경우 동방에서 다가오는 도적 · 맹수에 맞서든 도망치든, 그 자리에 머물러 있든, 무력한 자신의 죽음은 분명하다. 남은 길은 물 · 불의 강 한가운데 있는 폭 10센티미터 정도의 길을 걷는 수밖에 없었다. 그에게는 이 길이 올바른 길이라는 이론적 근거는 없었지만, 그 길만이 유일한 선택지였다. 따라서 그 길을 믿었기 때문에 걷기로 결정한 것이었다. 이 체험은 지금까지 경험해 본 적이 없는, 다른 선택의 여지가 없는 자기 결단이었다. 거기에는 자기를 절대화한 사고의 논리는 존재하지 않는다.

7   親鸞, 『顕浄土真実教行証文類(現代語版)』(本願寺出版社, 2000), p. 184.

흥미로운 것은, 여행자가 그 길을 걷기로 결단했을 때, 동쪽 기슭으로부터 그 폭 10센티미터 정도의 길을 '가라'고 권유하는 소리가 들리고, 서쪽 기슭에서는 "오는 것이 좋다"라며 부르는 소리가 들려왔다는 것이다. '동쪽 기슭'은 현실 세계를 의미하므로 그로부터 들은 것은 석존(釈尊)의 부름이며, '서쪽 기슭'은 서방 정토 세계를 의미하므로 거기서 들려온 소리는 아미타불(阿弥陀仏)의 부름이었다. 이 나그네는 도적들이 목숨을 빼앗지 않을 테니 되돌아가라는 소리에는 귀를 기울이지 않고 정토로 가는 길을 실행했다. 그 길을 건널 수 있었던 것은 동쪽 기슭, 즉 석존의 "가라"는 음성과 서쪽 기슭에서 들려오는 "오라"는 아미타불의 음성, 즉 영성의 '움직임'(はたらき)을 들었기 때문이다.

나그네가 이 길을 선택하고 걷기로 결정한 것은 그 자신의 개인 판단이었지만, 그 판단의 근거가 자신에게 있었던 것은 아니다. 그 판단이 확고하게 굳어진 것은 동쪽 기슭(현실세계)에서 자기의 외부성(外部性)으로서의 "가라"는 석존의 음성과 서쪽 기슭(정토진실세계)에서 "오라"는 아미타불의 부름 소리를 들었기 때문이다. 석존은 인간의 형상을 따서 예언자로서 아미타불의 구원을 말하는 존재이다. 그러나 석존은 이미 입적한 상태였기 때문에 모습은 보이지 않고 목소리만 들렸던 것이다. 석존을 통해 나타난 목소리는 동시에 서쪽 기슭에 있는 서쪽 정토에서 나오는 아미타불의 목소리이기도 한 것이다.

나그네가 정토로 가는 길을 실행하고 그 길을 건너게 된 것은 정토(진실세계)에 태어나고 싶은 소망을 그에게 일으키게 한 아미타불의 회향발원심(回向發願心)에 의한 것이다. 그는 아미타불로부터 받은 회향된 원심(回向された願心)의 '활동=움직임'(はたらき)으로부터 보호를 받았기 때문에 온갖 유혹이 있었음에도 발길을 돌리지 않았고, 두 강(二河) 아래로 떨어지지 않고 정토에서 태어날 수 있었던 것이다.

2) 오가타 마사토의 '결단'과 『관경사첩소』의 공통성

오가타 씨는 인간의 책임을 묻기 위해 칫소 기업의 정문 앞에 '앉아 있기' 행동을 시작했다. 그것은 기존의 운동에는 '인간의 책임'을 묻는 관점이 없고 공생 사회를 실현할 길이 존재하지 않는다는 것을 확신했기 때문이었다. 새로운 길은 선도가 제시한 길 외에는 없었다. 나그네가 구원받기 위해서는 머무는 것(아무것도 하지 않고 죽임을 당하는 것)이나 도망치는 것(도망쳐도 죽임을 당하는 것)이 아니라 위험성이 있지만 무서운 불의 강과 물의 강 사이에 있는 가느다란 정토로 이어진 길을 선택해 그 길을 걸을 수밖에 없었던 것이다. 이 길은 실천적으로는 증명되지 않았다. 오가타 씨가 결과적으로 무슨 일이 일어날지 상정하지 않고 '칫소 공장의 정문 앞'(정확히는 옆)에서 '농성'을 실천한 것은 '나그네'가 '두 강' 사이에 있는 좁은 길을 선택하여 그 길에 발을 내디딘 것과 같다.

　오가타 씨에게는 '농성'이라는 행위가 선택할 수 있는 유일한 일이었다. 그 결과가 무엇을 가져올지 확신하지 못한 채 '칫소', '칫소의 노동자', '시민', '환자' 속에 자신의 몸을 두고 몸을 드러내려 한 것이다. 그러한 대가를 요구하지 않는 오가타 씨의 행동은 사람들 사이에 있던 이항대립적인 차폐물(遮蔽物, 방해물)을 제거하고, 대화·상호 교류, 즉 상호관계성을 구체화하는 길을 개척한 것이다. 이것이 가능하게 된 것은 오가타 씨 개인의 결단에 의한 행동이 개인 활동에 머물지 않고 다른 사람들에게 영향력을 주어 타인과의 상호관계성을 실현하는 보편성을 내재하는 행동이었기 때문이다. 그 결단의 행동과 보편성이 일체화된 것은 선도(善導)의 '두 강의 비유'(二河喩)에서 '석가미타 이존'(釈迦弥陀二尊)의 "가라"와 "오라"는 음성을 나그네가 받아들인 것과 같은 일이, 그 당시 오가타 씨에게도 일어났기 때문이다. 그것이 "한없는 생명으로 이어지라"(限りなき命につながれ)는 외부성(外部性)으로서 절대자(絶対者)가 전해 온 '부르심'(呼び声)이었던 것이다. 그래서 오가타 씨의 행동은 보편성을 확보해 사람들의 의식을 바꾼 것이다. 오가타 씨도 이러한 농성 활동을 통해 이항대립을 넘어 모든 인간이 평화적으로 살아가는 길의 실천적 가능성을 확신했을 것이다. 그래서 활동은 농성 이후 새로운 전개를 보이게 된다.

　오가타 씨는 1987년 12월 7일부터 칫소 공장 정문 앞에서 농성

을 벌였고, 그 행동 속에서 자연스럽게 다른 사람들과의 대화가 가능해졌음을 실감했다. 아마도 그것은 '석가미타 이존'의 '본원' (本願)의 부르심에 비교할 수 있는 '한없는 생명'(限りなきいのち) 의 부르심을 마음의 귀로 진지하게 들었기 때문일 것이다. 오가 타 씨는 농성으로 얻은 실천적 성과를 한층 더 새로운 공생적 평 화운동으로 발전시키기 위해 이시모레 미치코(石牟礼道子, 소설가, 시인, 환경운동가) 씨 등과 공동으로 본원회(本願の会)를 1994년 3 월에 발족시킨다. 본원회는 '정치적 화해의 결착'(政治的和解決着) 이라는 말이 나오게 된 현실 속에서 미나마타병 사건을 풍화시키 지 않고 평화적 공생 사회 구축을 위해 어떻게 계승해 나가야 할 지 그 운동을 담당하는 역할을 하게 된 것이다.

4. 본원회 활동의 의의

1) '본원'(本願)이란 무엇인가?

본원회는 우에다 요시하루(上田義春) 씨, 하마모토 후타노리(浜本二徳) 씨, 오가타 마사토(緒方正人) 씨, 스기모토 에이코(杉本栄子) 씨, 스기모토 유(杉本雄) 씨, 이시무레 히로시(石牟礼弘) 씨, 니시 히로(西弘) 씨, 이시무레 미치코(石牟礼道子) 씨 등의 모임을 계기로 발족했다.[8] 이전부터 미나마타병 문제에 대해서는 정치적 화해의 결착이 문제가 되고는 있었지만, 정치적 화해 결착의 뒤를 어떻게 이어가야 할지, 누가 맡아야 할지가 서로 질문하던 중에 본원회가 결성되었다. 오가타 씨는 본원회의 탄생에 대해 다음과 같이 말하고 있다.

지금까지의 환자 단체나 지원 단체의 명칭을 생각해 보면, 이 '본원회'라고 명명한 것은 지금까지는 볼 수 없었던, 조금은 종교성을 띠는 명칭입니다. 그 당시 어떤 이름의 단체를 만들까 논의했었고, 모두 함께 생각하다가 '본원회'(本願の会)라 하면 어떨까 제안한 것은 저였다고 기억합니다. 이름을 제안한 입장이기도 했으므로 실은 '본원'(本願)이란 무엇일까 아직도 생각하고 있습니다. 짐작이 가는 바로는 '생명의 소망'(命の願い)이라는 것이 '본원'이라는 말에 담겨 있는 게 아닐까 생각해 왔습니다. 이른바 정토진종 본원사(浄土真宗の本願寺)의 '본원'이라는 것이 힌트 중 하나가 된 것은 확실합니다. 그런데 저 자신은 그러한 종교심이 그 이전까지는 거의 없었기 때문에 '본원'이라는 이름에 '생명의 소망'이라는 것을 담아둔, 아마도 근 10년 이래 이 조직이 가장

---

8   『環境』Vol. 25(藤原書店 2006): p. 158.

활동적인 단체가 아닐까 생각하고 있습니다.[9]

오가타 마사토 씨는 '본원'이란 '생명의 소망'이라고 파악한다. 이를 파악하는 방식은 정토진종의 개조(開祖)인 신란(親鸞)의 파악 방식과 일치한다. 왜냐하면 본원이란 아미타불의 중생 구제의 소망이며, 그 구제의 '활동=움직임'이기 때문이다. 동시에 아미타불의 본질은 무량광(無量光, 한없는 지혜)인 동시에 무량수(無量壽, 한없는 생명, 자비)이기도 하기 때문이다. 오가타 씨는 본원사(本願寺) 교단에는 일정한 거리를 두고 있던 것으로 생각된다. 이것은 아마 교단으로서의 본원사나 그 밖의 교단에 속하는 것들, 혹은 그 지역의 진종 사원이나 승려가 문도(門徒, 신자) 중에 미나마타병 환자가 된 이들의 문제를 해결하는 데 적극적 자세를 보이지 않았기 때문은 아닐까? 오가타 씨는 본원에 대해서 다음과 같이 자세하게 언급하고 있다.

> 본원이란, 커다란 자연의 생명에 연결되는 것, 그리고 그러한 생명에 눈을 뜨는 것이라고 생각합니다. … (본원이란) 나로서는, 생명으로 함께 있기를 바라는 것이며, 그 소망이란 실은 우리 쪽

---

9   緒方正人, 『チッソは私であった』(河出文庫, 2020), p. 43.

에 달려 있는 것입니다. 우리가 원한다는 것뿐만 아니라 아마 우리 쪽에도 그 명운이 걸린 소망이라고 생각합니다. 미나마타병 사건에 대해서도 미나마타병이 우리에게 물어 오는 것, 그리고 질문을 받았을 때 그 물음에 응답하는 것이 본원일 것이라고 생각합니다.[10]

  오가타 씨에게 본원이란 거대한 자연의 생명으로 연결되기 위한 '목표'이며, 그것은 우리에게 명운이 걸려 있는, '함께 생명으로 있으라'(ともに命としてあらん)는 소망이다. '거대한 자연의 생명'이란 물질로서의 자연뿐만이 아니라, 한없는 생명으로서의 아미타불의 중생 구제의 활동=움직임이기도 하다. 신란에 의하면, 자연이란 중생에 대한 아미타불의 전악성선(転悪成善, 악을 선으로 바꾸는 것)의 활동=움직임이다. 하지만 그것이 우리에게 전달되는 것은 자연 안에 있는 구체적인 개인을 통해서이다. 생명의 본질은 그 활동=움직임에 있다고 오가타 씨는 말하고 있지만, 그것은 본원(本願, 혼간)과 같은 발음인 '혼'(다마시, 魂)이기도 하다. "혼은 묻고, 질문 받고, 계속 생각해 나간다는 운동성을 가지고 있"으며, 그 활동(움직임, 몸짓)으로부터 우리는 메시지를 느끼는 것

---

10 緒方正人, 『チッソは私であった』, pp. 147-148.

이 필요하다. 오가타 씨의 행동은 이러한 본원(本願, 혼간), "거대한 자연의 생명"의 호소, 메시지를 받아들이는 것, 그리고 그것과 일체화된 것이기 때문에 자연스럽게 이항대립을 넘어서, 타인과의 대화를 발생시키는 보편성을 획득하는 것이다.

2) 신란 정토사상의 현대화와 본원회의 사상

우리는 오가타 씨의 행동과 결단이 거대한 자연의 생명과 일체화한 것임을 이해할 수 있으며, 동시에 선도(善導)의 '두 강의 비유'(二河譬)를 통해 정토를 향해 걸어가는 나그네의 모습을 볼 수 있다.

본원회의 '본원'(本願)이란, 원래 정토교가 말하는 아미타불에 의한 중생구제의 약속, 그에 대한 소망과 그를 실현하기 위한 활동(움직임, 몸짓)을 의미한다. 앞서 설명한 것처럼, 미나마타 지역은 호쿠리쿠(北陸) 지역 다음으로 역사적 차원에서 정토진종이 번창한 곳으로, 그 사상은 사람들의 생활 문화 속에 깊이 침투하고 있다. 문도(門徒)라고 불리는 정토진종 신자들은 일상적으로 신란(親鸞)이 쓴 『교행신증』(教行信証)의 행문류(行文類) 끝부분에 등장하는 염불찬가(念仏讃歌)인 '정신게'(正信偈, 쇼우신게)를 암송한다. 정신게는 '귀명무량수여래'(帰命無量壽如來)라는 말로 시작한다. 이 첫머리의 '귀명무량수여래'는 "한없는 생명(무량수)이신 부처에게, 생명의 본원으로 돌아갈 수 있기"를 소망하는 염원의

표현이며, 그러한 부르심에 따른다는 결단을 의미한다. 이러한 한없는 생명(限りなきいのち)은 아미타불의 중생 구제의 약속이자 활동(움직임)이며, 그것이 바로 본원(本願)인 것이다.

정신계에서는 본원의 본래적 의미(いわれ)와 중생 구제의 전개에 대해 언급하고 있다. 아미타불의 "더없이 훌륭한 소망"(この上なくすぐれた願), 즉 본원(本願)의 전개를 드러내고 있는 것이다. 이러한 본원을 성취한 아미타불은 광명(光明, 지혜)을 널리 발하고 모든 이들을 밝힘으로써 모든 이들이 자기중심주의의 어리석음에 자각하고 깨닫게 되는 것이다.

본원회라는 명칭은 미나마타 지역의 생활에 가장 가깝게 있는 정토진종의 키워드인 본원(本願)에 근거한 것이다. 본원이라는 말은 정신계 안에서도 여러 곳에 등장한다. 예를 들어 "석존(釈尊)을 비롯한 제불(諸仏)이 이 세상에 나타난 이유는 오직 아미타불의 '한없는 생명'(かぎりなき命)에 의한 중생 구제의 소망과 그 활동(움직임)을 설파하기 위함이었다."(如来所以降興出世, 唯説弥陀本願海)라든가, "아미타불의 한없는 생명에 의한 중생 구제의 소망과 부르심을 믿으면 저절로 현세에서 미륵보살과 마찬가지로 타자와 연대하여 타자를 향한 구제활동이 가능해진다."(憶念弥陀佛本願 自然即時入必)는 대목이다. 여기서 '부르심'(呼びかけ)이란 한없는 생명에 의한 중생구제의 목소리(呼び声)를 드높이는 소리로서, 그 소리를 받아들임으로써 '자신을 바라보는 새로운 자기'(自

分を見つめる新たな自己)가 탄생하게 된다. 그리고 우리는 '자기객관화'(自己客観化)가 가능한 주체적 인간이 될 수 있는 것이다. 이런 인간은 타자와의 대화 교류가 가능하다는 것이 오가타 씨의 농성 결과에서도 드러난다. '한없는 생명으로 연결된다'는 것은 모든 것이 그 '한없는 생명'과 등위 관계에 놓여 있다는 것이며, 동시에 모든 존재는 다르지만 상호관계 속에서 존재한다는 것을 보여준다. 여기서 우리는 '이항대립'을 넘어서는 '상호관계성'의 세계를 실감할 수 있다. 이러한 '상호관계성'을 구체화하기 위해서는 지역에 뿌리를 둔 토착문화의 현대화가 요구된다.

기존의 미나마타병 환자 운동은 앞에서 설명한 바와 같이 이항대립이 그 기반에 있었다. 이 현실을 깨닫고 나니, 스스로 체념하고 자기 세계에 틀어박혀 마음의 평안만을 추구할 것이 아니라, 이항대립을 극복하는 투쟁으로 이어졌다. 그 투쟁은 자기객체화를 가능케 한 한없는 생명이 "본래의 생명에 연결되라"고 부르는 소리를 "눈을 뜨고 자각한" 이들의 투쟁이었다. 그것이야말로 구미형 근대의 속박 아래에 있는 모든 사람들을 해방시키기 위한 투쟁이었다. 그 끝에 서 있는 것이 본원(本願)의 모임이었다. 오가타 씨는 다음과 같이 말하고 있다.

그럼 왜 투쟁이 필요했느냐 하는 것입니다만, 아마도 그러한 미나마타의 어민들이나 피해자들의 정신적 세계로부터의 호출(부르심)이야말로 투쟁의 가장 중요한 부분이 아니었을까, 즉 생명의 존귀함, 생명의 연속 세계에서 함께 살아가자는 호소가 미나마타 사건의 물음의 핵심이 아니었을까 생각합니다.[11]

본원회는 이항대립을 넘어 모든 존재가 서 있어야 할 공통의 장을 요구하였다. 그 결과 그 장소가 미나마타의 매립지로 정해졌으며, 그곳에 '노보토케사마'(野佛さま, 혹은 노부츠사마)를 건립하여 사회적 입장을 초월한 공생의 만남을 일구어 가기로 결의했다. 그리고 그 구체적 실현의 방법 중 하나로 신사쿠노(新作能) 〈시라누이〉(不知火)를 상연하자고 제안하였다. 상연을 실현시키기 위해서는 사회적 입장을 초월한 실행위원회가 필요하였으며, 지역의 누구나 이해할 수 있는 공생의 이론을 지역에 뿌리를 둔 토착적 문화를 통해 만들어내는 것이 필요했다. 그 기본에 깔려 있던 가치가 바로 상호관계성이었고, 그 내용을 구축하는 것은 토착 문화인 '누사리, 노사리'(ぬさり, のさり), '고타가이'(ご互い), '모야이나오시'(もやい直し)라고 하는 개념이었다.[12]

---

11 緒方正人, 同書, p. 69.
12 역자주: '누사리 혹은 노사리'(ぬさり のさり)는 구마모토 현 미나마타 지역 사람들의 방언으로, 바다, 산, 강, 마을의 은혜가 뜻하지 않게 손에 들어왔을 때 하는 말이다. 즉, 뜻하지 않게 무언가를 받게 되었을 때, 그것을 하늘이 내린 것, 은혜라는 의미로 사용한다. '고타가이'(ご互い)는

5. 누사리, 고타가이, 모야이 나오시 개념의 종교성과
   〈시라누이〉 상연운동

1) 누사리, 고타가이, 모야이 나오시와 상호관계성의 개념

본원회의 활동에는 주어진 것으로서의 생명을 의미하는 '누사리'(노사리, 주어진 은혜), 상호 관계성을 의미하는 '고타가이'(서로), 공동체의 연대의 실현을 도모하는 '모야이 나오시'(기즈나 회복) 등 지역에 뿌리를 둔 토착 개념이 존재한다. 이시무레 미치코(石牟礼道子, 소설가, 시인) 씨 등과 협력하여 본원회를 시작한 오가타 마사토 씨는 다음과 같이 말하고 있다.

> 누사리(ぬさり) 혹은 노사리(のさり)라는 말은, 구마모토의 방언으로 내려진 것, 주어진 것이라는 뜻입니다. 거기에는 그것도 이것도 모두가 인연 가운데서 주어진 것으로서 받아 살아가야 한

'서로 존중'이라는 의미를 지닌다. 모야이 나오시(もやい直し)의 '모야이'(もやい)는 우선 '舫い'일 경우, 그것은 "배와 배를 연결해 서로 붙들어 매는 것"을 뜻하며, '催合い'의 경우는, "공동으로 일을 하고, 공동으로 소유하는 것"을 의미한다. 따라서 '모야이 나오시'(もやい直し)는 서로 연결하고 함께해 가는 쪽으로 고쳐나간다는 뜻이 되는데, 이는 구마모토 현 미나마타에서 미나마타병 발생에 의해 손상되었던 사람들 사이의 유대 관계(상호관계성), 즉 '기즈나'(絆)를 회복해 가는 개념으로 새롭게 정립된다.

다는 생각이 담겨 있습니다. … 또 한 가지, 고타가이(お互い, 서로)라는 것이 있습니다. … 그것은 인간 사이에서 서로 의지하고 서로 도우며 살고 있다는 것만을 의미하는 것은 아닙니다. 고타가이(서로)에는 바다와 산 등 모든 존재가 포함되어 있어요. 우리 인간은 서로의 고리 속에서 존재하고 있으며, 그 덕분에 살아가고 있습니다.[13]

누사리라는 말은 자기를 넘은 존재자(절대자)로부터 '인연으로 이어진' 관계 차원에서 받게 되는, 모든 고귀한 것들을 의미한다. 즉, '생명'으로 드러나도록 주어진 것은 자기 마음대로 처분할 수 있는 것이 아니고, 그것을 받은 뒤 잘 지키며 키워 나가지 않으면 안 된다. '주어진 것'으로서의 '생명'을 부여한 절대자는 모든 존재를 차별하지 않는다. 이러한 절대자 아래서는 모든 다양한 존재자가 연결되어 있으며 서로 평등하다. 이러한 공통의 이해를 가짐으로써 타자와의 연결을 자각하게 된다.

모든 존재자들이 연결된 상태, 상호의존성을 뜻하는 말이 바로 고타가이(ご互い)이다. 누사리는 고타가이라는 상호관계성 속에서 더욱 명확하게 이해할 수 있게 된다. 누사리와 고타가이는

---

13   緒方正人,『常世の舟を漕ぎて』, pp. 228-229.

서로 관계하고 있으며, 인간은 그 관계성 속에서 살아 나가게 된다. 그러한 인간의 관계성, 인간 상호의 연결성을 현실화한 것이 공통의 바다(共通の海)를 매개로 하여 서로 연결된 생활 공동체인 것이다. 이 공동체를 활성화하고 재생시키는 것이 바로 모야이 나오시(もやい直し)인 것이다.

모야이(もやい)란 인간의 고립화를 상호관계 속에서 풀어내어 연대를 가능케 하는 것을 말한다. 따라서 모야이 나오시(もやい直し)는 비폭력적으로 공동체를 재생하고 활성화시키는 실천을 의미한다. 그 구체적 대처가 신사쿠노 〈시라누이〉의 상연 운동이었다. 이 운동은 미나마타병 투쟁 속에서 생겨난 가해자 및 피해자의 양극 대립 구조 속에서 일반 시민들도 지쳐 있던 상황을 극복하려는 시도였다. 그 극복은 가해자든 피해자든 구분 없이 다함께 설 수 있는 자리를 모색하는 것이었다. 그 자리(장소, 무대)는 "수은 섞인 폐기 흙으로 매립된 그 미나마타의 땅"(水銀ヘドロで埋め立てられたあの水俣の土地)이었다. "미나마타에서 죽어 간 사망자들을 주술적인 표현으로 되살려내어 영혼 깊은 곳에 호소함으로써 살아 있는 쪽의 인간들에게는 더욱 강한 회한과 슬픔을 불러일으킬 수 있게 된다."[14] 새롭게 창작된 작품 '노'(能, のう)를 그

14   田中優子, 『苦海·浄土·日本』(集英社新書, 2020), p. 220.

장소에서 상연하는 것이야말로 대립을 극복하는 하나의 길이 되었다. 그를 위한 실행위원회를 "각자의 입장을 넘어 선 사람들의 상호 도움"(各々の立場を超えた人々の助け合い)을 의미하는 토착 언어인 '가세(加勢, かㆍセ)위원회'라고 명명하면서 본원회는 가해 기업인 칫소에도 참여해달라고 호소했다. 그 결과 칫소의 부장, 공장 관계자와 사원들이 40명 가까이 참가하여 신사쿠노(新作能) 〈시라누이〉(不知火, しらぬい)의 상연은 성공적으로 종료되었다.

2) 신사쿠노 〈시라누이〉(不知火)의 작품 의의

본원회에서 활동한 스기모토 에이코(杉本栄子) 씨는 중증 발병으로 거동마저 불편한 사람이었다. 하지만 그러한 스기모토 씨가 "인간의 죄에 대해, 그리고 자신의 죄에 대해서도 기도하고 있다"는 말을 들은 이시무레 미치코(石牟礼道子, 소설가, 환경운동가) 씨는 이렇게 말했다.

죄 없이 고민의 구렁텅이에 빠진 사람이 인간들의 죄를 다 짊어지겠다고 말씀하시는 것이다. 칫소의 죄, 정부의 죄라고 구태여 말씀하고 있지 않다. 인간의 죄, 그건 환자인 자신이 받아 짊어졌고…. 게다가 그 죄를 자신의 '수호신으로 삼겠다'라고 말한다. … 어쩌면 미나마타의 업고(業苦) 속에서 신(神)에 가까운 사

람들이 탄생하고 있다고 나는 생각한다.[15]

　또한 오가타 마사토 씨는 이시무레 씨에게 다음과 같이 말하였다; "나는 입장을 바꿔 보면 칫소와 같은 것일지도 모릅니다. 따라서 칫소가 구원 받지 못한다면 환자도 구원 받지 못할 것입니다."[16] 이 말은 이시무레 미치코 씨가 〈시라누이〉를 창작하게 된 원점이 되었다. 신사쿠노 〈시라누이〉는 '이 세상의 독(毒)을 제거하는 용신(龍神)의 공주와 그 동생의 죽음, 그리고 그들 영혼의 부활을 다룬 신화'이다. 이시무레 미치코 씨에 의하면, 그 내용은 미나마타를 상징하고 있기는 하지만, "일본인의 혼(다마시)이 나아갈 미래를 염원하는 마음"도 포함하고 있다. 이 이야기의 줄거리는 다음과 같다.
　혼(魂, 다마시)이 육체를 이탈해 살아 있긴 하지만 시체가 된 것을 모르는 인간은, 어머니의 바다와 대지를 독(毒)으로 요변(妖變)시켰다. 인간이 멸망하기 전에 그곳의 바다나 대지는 오염되어 버린다. 용신의 공주인 시라누이(不知火)와 동생 신(弟神)인 토코와카(常若, とこわか)는 "인간계의 독을 바다와 육지 모두에게 베푸는 사명을 지니고 있기 때문에, 인간들이 멸망하기 전에 죽어 간

15　石牟礼道子,『石牟礼道子全集』, 第16巻 (藤原書店, 2013), p. 37.
16　同書, p. 40.

다." 말세에 나타나는 구세보살(救世菩薩), 즉 온보우노조(穏亡の尉)는 이 둘을 가엽게 여겨 결혼시켰고, 자신이 불러들인 괴신(怪神)인 키(夔)는 수은으로 범벅된 해변의 돌을 두드려 쳐서 소리를 일으켰다. 그러자 이 신이 노래를 부르고, 죽은 고양이들, 그리고 백수(百獸)는 나비(호접, 胡蝶)가 되어 날아가며 소생(부활)한다.

이 작품은 고귀한 희생을 통해 이항대립을 초월한 평화적 공생 사회를 만들려는 강한 염원을 담고 있다. 그리고 이 상연 운동은 입장이 다른 사람들이 '함께 목숨을 바쳐야 한다'는 염원을 구체화시킨다. 이처럼 사람과 자연의 공생, 사람과 사람의 공생을 현실화한 운동의 힘은 이후의 사회정치적 과제에 있어서도 큰 역할을 하였다. 그것은 2006년 2월, 미나마타 시의 산간부(山間部)가 산업처분장(産業処分場)을 건설하는 문제가 첨예한 문제로 등장했던 시장 선거에서 "미나마타병 환자와 일반 시민이 일치된 의견으로 (산업처분장 건설을) 반대하여, 반대파 후보자의 압도적인 승리로 연결되었던 것"[17]에서도 확인할 수 있다.

---

17 鶴見和子, "もやいなおし," 『環境』 Vol. 25, p. 6.

6. 나가는 말

본원회의 활동은 자신도 자연의 일부라는 점, 자신을 길러 온 자연을 이중화하여 거기서 나타나는 "무량수(無量壽)라는 한없는 생명의 존재자로부터의 부르심"에 고개를 끄덕이며 응답하는 것이 기축을 형성하고 있다. 거기에 이르기 위해서는 자연의 재료화(材料化)와 물질적 풍요의 추구를 통해 자동적으로 인간이 행복을 얻을 수 있다는 이데올로기를 극복할 필요가 있었다. 왜냐하면 미나마타병을 초래한 직접적 책임은 칫소·국가·구마모토현이라는 삼자 모두에 있다는 것이 사실이었지만, 물질적 풍요의 추구라는 점에서는 시민들도 그 일에 가담했다고 볼 수 있기 때문이다. 이러한 이데올로기를 극복하기 위해서는 자기중심주의의 생활방식으로부터 상호관계성을 기축으로 한 생활방식으로의 변혁이 요구된다. 종교는 자신의 삶의 변혁 과정에서 과학과는 다른 중요한 역할을 할 수 있다. 가치관의 전환과 행동에서 가장 중요한 역할을 하는 것이 지역에 뿌리를 둔 종교문화이기 때문이다.

번역 / 가미야마 미나코(神山美奈子)

07. 종교적 입장에서 평화 구축을 생각하다
—진종 승려 타카키 겐묘를 통해서

오바타 분쇼

1. 들어가는 말

　기후변화가 세계를 뒤덮고 있는 지금, 러시아의 우크라이나 침공은 수렁에 빠졌고, 2024년 2월 현 시점에서도 전쟁이 종결될 기미는 전혀 보이지 않는다. 같은 시기에, 이스라엘 공격으로 팔레스타인 자치구 가자지구는 대량 살상이 일어나는 장소가 되었다. 평화에 대한 전망을 어디서 찾아야 할지 비참하기만 하다.

　아시아의 경우, 미얀마는 군사정권이 민중의 목소리를 억누르고 민주정치가 보이지 않게 되면서 깊은 위기에 빠져 있다. 잘 알고 있듯이 동아시아에서 정치와 양안 문제로 갈등 중인 대만과 아직도 군사적 긴장감에서 벗어나지 못하는 한반도는 여전히 위기 상태에 있다.

　일본에서는 정부가 오키나와의 민의를 무시하고 오키나와 헤노코에 새 군사기지 건설을 강행하고 있다. 이는 미일(美日) 안보 체제의 결과이기도 하지만, 오키나와에 대한 구조적 차별을 여실히 보여주는 일이기도 하다. 일찍이 류큐 왕국 슈리성 정전(正殿)에는 통칭 '만국진량의 종'(万国津梁の鐘)이라고 불렸던 '수리성정

전의 종'(首里城正殿の鐘)이 있었다. 만국진량(万国津梁)에서 진량(津梁)이란 '나루터의 다리'라는 뜻이다. 만국진량(万国津梁)이란 류큐가 모든 나라와 교류를 지향하는 나라이기를 바라는 국가 이념을 나타내고 있다. 그 전제는 말할 것도 없이 '평화'이다. 만국진량(万国津梁)이 나타내는 류큐 왕국의 국가 이념은 일본의 지배에 의해 무참히 무너지고 있다.

2023년 12월 22일 일본 정부는 국회 심의도 없이 〈방위장비품의 수출에 관해 방위장비이전 3원칙과 운용지침〉을 개정했다. 그리고 다음 날, 새로운 규정을 적용하여 일본에서 생산하는 지대공유도탄 패트리어트를 미국에 제공하기로 결정했다(中日新聞 2023.12.23.)는 갑작스러운 신문 보도가 나왔다. 금단의 무기 수출을 감행하겠다는 것이다.

일본은 1947년 5월 3일 시행된 일본국 헌법 전문에, "일본 국민은 항구적으로 평화를 염원하고 인간상호 관계를 지배하는 숭고한 이상을 깊이 자각하여, 평화를 사랑하는 모든 국민의 공정과 신의를 신뢰하고, 우리의 안전과 생존을 유지하기로 결정했다"면서 평화국가 건설을 표명하고, 헌법 제9조에 '전쟁포기'를 구체적으로 명시하여, 무력 없는 평화의 나라가 될 것을 세계를 향해 맹세했다. 그것은 침략 전쟁에 대해 책임을 지는 하나의 방법이었다.

그러나 2023년 12월의 무기 수출 완화 메시지는 그 바람을 완전히 배신했고, 일본을 위기로 몰아갔다. 평화 구축이야말로 일본의 기본 방침이었는데, 이것을 완전히 무용지물로 만드는 정치인 것이다.

지금의 세계적인 상황, 일본의 상황을 불교적 관점에서 보면 정토경전인 『무량수경』(無量寿経)에 석가의 말씀으로 기록된 "강한 자는 약한 자를 굴복시킨다."는 말에 부합하는 역사적 현실이다. 이러한 언어를 배우면서, 다시 불교(종교)와 역사적 현실과의 관계를 통해, '아시아종교평화학회'가 내건 현실 문제로서 평화 구축 과제를 고찰해 보고 싶다.

2. 논의를 위한 전제

원래 불교는 현실 문제를 도외시해서는 안 된다. 중생의 고뇌를 껴안지 않는 불교는 불교가 아니다. 그것은 현실 부정, 왜곡, 모순을 숨기려는 유사불교이다. 석가 불교는 인간의 생로병사 고뇌에서 시작된다. 아미타불을 내세우는 정토교불교에서는 더 명확하게 아미타불의 본원(本願)으로 중생의 고뇌를 과제로 삼고 있다. 이 원점을 무시한다면 정토교불교의 리얼리티는 없다.

신란(親鸞, 1173~1262)은 앞에서 열거한 『무량수경』을 "아미타 여래의 48염원이 설해진 경전"(『尊号真像銘文』)으로 보았다. 이 경전에는 아미타불의 본원이 설파되어 있다. 제1원은 고뇌하는 중생의 현실을 지옥·아귀·축생이라고 하는 '삼악취'(三惡趣)의 세계로 나타내고 있으며, 이 삼악취에서 중생을 해방하는 세계를 '정토', 즉 아미타불 본원의 국토로 나타내고 있다.

아미타불에게 정토는 대비(大悲)의 상징이다. 그것은 중생의 현실을 나타내는 삼악취가 없는 세계이다. 즉, 지옥은 전쟁의 세계이고, 아귀란 차별의 세계이며, 축생이란 억압의 세계이다. 바로 현대사회 그 자체가 아닌가. 거기서 중생을 해방하는 그것이 중생의 비통을 마주하는 아미타불 본원의 원점이다.

이러한 과제를 안고 있는 정토교불교를 통해 현대 평화 구축의 문제를 생각하고자 한다. 이런 문제 의식을 가지고 이 글에서는 다가오는 현실 문제를 바라보고, 종교적 세계에 깊이 관여한 결과, 권력의 탄압을 받았던 정토진종 승려 다카키 겐묘(高木顕明, 1864~1914)를 통해, 종교 입장에서의 평화 구축이라는 과제에 무엇이 불가결한 문제인가 하는 문제를 제기하고자 한다.

3. 왜 다카키 겐묘인가

다카키 겐묘가 어떻게 해서 평화 구축이라는 과제를 담당하는 단서가 될 수 있는 것일까. 그는 사회주의자와 관계를 맺고 있었지만, 그가 말하는 사회주의는 마르크스와 엥겔스가 내세우는 과학적 사회주의가 아니라, 정토진종의 승려로서의 다카키 겐묘의 삶을 지탱시킨 신란의 정토진종이야말로 그가 말하는 사회주의의 내용이기 때문이다. 이에 대해서는 이 글의 마지막에 참고 자료로 첨부한 그의 소논문 〈나의 사회주의〉(余の社会主義)를 읽으면 알 수 있을 것이다. 아미타불의 본원 세계가 정토이지만, 그 초월적 세계(彼岸世界)와 현실적 사회(此岸世界), 불교적으로 말하면 정토(浄土)와 예토(穢土)의 관계 속에서 인간의 현실적인 생활 방식에 문제를 제기하는 데에 다카키 겐묘 사회주의 특징이 있다. 즉, 초월적 세계인 아미타불의 본원을 근거로 한 사회에 관련된 불교의 모습이야말로 다카키가 말하는 사회주의인 것이다. 이런 관점에서 다카키 겐묘는 평화 구축을 초월적 세계와의 관계 속에서 생각하고자 할 때 가장 적합한 인물이다.

다카키 겐묘의 사상은 메이지 일본과 첨예하게 대립한다. 메이지 시대의 일본은 이른바 서구사회의 제국주의 정치에 대해 무비판적으로 추종하면서 그 뒤를 좇아 부국강병 · 식산흥업(富国強兵殖産興業)이라는 구호 아래 일본의 제국주의화를 꾀하고 있었다. 그러한 일본의 국가 의지와 다카키 사상은 다카키가 의식하든 의식하지 못하든 간에 일본 국가의 정치의식과 대립하였다. 왜냐하면 다카키 겐묘의 구도심(求道心)은 현실과 정토진종 가르침과의 격투 속에서 형성되었기 때문이다.

이는 생활 속에서 진지하게 신란의 사상과 신앙을 마주한다면 누구에게나 형성되는 사상이었다고 생각된다. 다만 유감스럽게도, 대부분의 경우는 그러한 프로세스를 거치지 않고 현실로부터 도망치거나 타협하지만, 다카키 겐묘는 전쟁과 차별적 현실을 마주했다. 그리고 다카키 겐묘와는 정반대인 권위주의, 패권주의, 차별주의, 국가주의를 실태로 하는 메이지 국가 체제에 의해 다카키 겐묘 사상은 국적(国賊), 반역으로 고발되어 무고한 죄과를 지게 된다. 이것이 나중에 설명할 '대역사건'이며, 메이지 국가의 판단에 따라 사형 판결을 받게 된다.

신앙인 다카키 겐묘는 초월적 세계에 깊이 관여하고 그 세계를 근거로 현실 세계, 즉 패권주의적 메이지 국가에 비판적인 태도로 살았다. 그 결과 인간의 욕망을 중심으로 형성된 체제 사회로부터 그는 말살되어 버린 것이다. 바로 여기에 종교와 현실 사회의 관계에 관해, 다카키 겐묘의 삶의 방식에 담긴 종교란 무엇인가, 현실사회란 무엇인가, 서로 관련된다는 무엇을 의미하는가, 평화 문제란 무엇인가 등에 관해 다시 되물을 필요성이 있는 것이다.

다카키 겐묘의 경우 그 결말은 너무나 비극적인 현실이었다. 다카키 겐묘는 반역자로 몰려 무고 사건의 피해자가 되어 사형 판결을 받았고, 후에 무기징역으로 감형되었다. 그는 수감되었던 아기타(秋田) 감옥에서 특사를 원했지만 이루어지지 않았다. 그는 이 사건으로 자신뿐만 아니라, 가족들이 길거리를 헤매게 만든 국가의 무자비한 처사를 원통해 하며 자살을 한다.

그러나 일제의 패전을 계기로 '대역사건'으로 조작된 음모와 다카키 겐묘가 살아온 역사와 사상이 공개적으로 알려지게 되었다. 다카키 겐묘의 역사와 사상은 연구자의 열의와 노력으로 검증되었고 현재도 이어지고 있다. 다카키 겐묘의 기일인 6월 24일 전후 토요일에 다카키 겐묘가 주지로 있던 와카야마현 신구시(和歌山県 新宮市) 진종대곡파(真宗大谷派)에 속하는 조센지(浄泉寺)에서 엔쇼키(遠松忌)라는 법요(法要)가 행해지고 있다. 이 법요는 많은 사람들이 모여 그의 정신을 배우고 알리는 행사가 되었다. 이처럼 과거에는 역적으로 여겨졌던 다카키 겐묘는 메이지 시대 제국일본의 한복판에서 신란의 가르침을 배우고 실천하며 살아간 사람으로 기려지고 있다.

하지만 문제는 그것으로 끝난 것이 아니다. 다카키 겐묘를 결과적으로 죽음으로 내몬 정치권력은 메이지 시대에서 끝나지 않았고, 지금도 계속되는 민중 지배의 현실로 이어진다. 국가를 추종하여 "그저 염불을 하고 그저 아미타여래의 마음을 믿고 도움을 받아라."(『歎異抄』)고 하면서, 세상에 아첨하지 않고 세상을 헛된 것(虛仮)으로 인식하며 아미타불 본원의 부름인 염불만을 신뢰하고 귀의하라는 신란의 가르침에도 어긋나게도, 다카키 겐묘를 교단에서 영구 추방한(다만 교단은 1996년 다카키 겐묘에 대한 교단 내 처분을 85년 만에 취소하고 사죄했다) 진종대곡파 교단의 정치와 교학을 되묻지 않으면 안 된다.

그런 의미에서, 국가가 조작한 무고 사건인 '대역사건'과 거기에 연좌되어 억울한 누명을 쓰고 역도가 된 다카키 겐묘를 통해 평화 구축이라는 과제에 대해 생각하기로 한다. 다카키 겐묘는 석가의 『무량수경』 가르침인 아미타불 본원에 따라 메이지 시대를 살았던 반전론자이고 비폭력주의자이며, 나무아미타불을 염불하는 신앙심이 깊은 사람이었다.

다카키 겐묘야말로 타고난 불교도였다. 이런 다카키 겐묘였기 때문에 다카키 겐묘의 사상과 신앙은 종교를 근거로 평화 구축을 도모하는 「아시아종교평화학회」의 과제로 삼아야 할 적합한 인물이 아닐까 생각되어 제언하는 것이다.

4. 다카키 겐묘 개략

앞에서 언급한 것처럼 다카키 겐묘는 여러 여러 연구자들이 전적인 '무고사건-원죄(冤罪)사건'으로 규정한 바 있는 메이지의 '대역사건'으로 사형 판결을 받은 인물이다. 대역사건이란 천황을 거스른 모든 사건을 일컫는데, 여기서 문제로 삼고 있는 대역사건은 메이지 시대에 일본 국가가 반체제주의자를 송두리째 배제하기 위해 1910년(明治 43)에 조작한 무고사건-원죄사건을 가리킨다. 또 이 사건은 국가에 의해 주모자로 조작된 사회주의자 코우토쿠 슈스이(幸德秋水, 1871~1911, 메이지 4~44)의 이름을 따서 코우토쿠 사건(幸德事件)이라고도 불린다. 대역사건 주동자의 한 사람으로 몰려 부당한 사형 판결을 받고, 다음날 감형을 받아 무기징역에 처해졌던 진종 승려가 다카키 겐묘이다.

다카키 겐묘가 살던 당시 일본 국가의 슬로건은 앞에서도 말했듯이 '부국강병·식산흥업'이다. 서구 제국주의 국가를 모방하여 일본은 아시아에 군림하겠다는 목표를 세웠고, 그 야망은 청일전쟁, 러일전쟁을 거치면서 점점 비대해진다. 대만과 한반도의 식민지화가 혹독했던 역사이다.

일본의 패권주의와 국가적 야망을 실현하기 위해서는 우선 국내의 반체제주의 사상 활동가를 단속하여 그 사상과 행동을 근절할 것이 요구되었다. 그래서 조작된 것이 1910년의 대역사건이었다. 바로 국가가 사상 탄압을 한 범죄 사건이었다.

이 사건으로 26명이 기소되어 이 중에 24명이 사형선고를 받았고, 다음 날 12명이 무기징역으로 감형되었다. 이듬해 1월 24일과 25일에 12명이 처형되었다. 무기징역을 받은 12명 중 한 명이 진종 승려였던 다카키 겐묘이다. 앞에서도 언급했지만, 그는 동북쪽 아키타(秋田) 감옥에 수감되었다가, 3년 뒤인 1914년(大正 3) 6월 24일 아키타 감옥에서 목을 매었다.

자살에 대해서는 여러 가지 이유를 생각할 수 있지만, 추측의 영역을 벗어나지 않는다. 그는 무기징역으로 감형되었지만 사면에서 제외되었고, 국가로부터는 대역죄 누명을 썼고, 진종 대곡파 교단에서는 승려 자격을 박탈당하고 교단에서 영구 추방당했다. 그 결과 가족들은 사찰을 떠나 길거리를 헤매었지만 그들을 구할 수도 없었다. 이런 상황을 배경으로 그의 자살을 생각해 보면, 비록 그가 유서는 남기지는 않았지만, 나는 반전평화사상을 탄압하던 비인도적인 국가와, 교단의 비정함에 대해 슬픔과 분노를 느끼지 않을 수 없다. 일본 국가와 진종 대곡파 교단의 죄는 무겁다. 그래서 더욱 다카키 겐묘의 사상과 행동에 초점을 맞추어, 종교와 현실의 관계에 대해, 종교 입장에서의 국가 비판, 즉 전쟁하는 국가, 차별하는 국가에 대해 종교는 어떻게 대응해야 하는가를 생각하게 된다. 이러한 논의를 심화시켜 다카키 겐묘의 사상과 신앙을 알리고, 거기에서 우리의 평화 구축의 과제와 방향을 찾고자 한다.

5. 다카키 겐묘는 어떤 인물인가

다카키 겐묘는 1864년에 현재의 아이치 현 나고야 시에서 태어나, 1888년 24세에 진종 대곡파 승려가 되었다. 1897년(다카키 겐묘 33세)에 와카야마 현 신구 시의 조센지(浄泉寺)에 들어간다. 거기서 일본의 부락민에 대한 차별을 알고, 부락 문제에 관여한다.

또 당시 공창제도에도 반대 입장을 밝혔고, 전쟁에서 사망한 병사들을 찬탄하는 기념비 건립도 반대했다. 체제 사회에 이의를 제기하는 다카키 겐묘는 체제 사회에 이의를 가진 사람들과 만나게 된다.

다카키 겐묘는 신구(新宮)에서 만난 사람들인 사키쿠보 세이이치((崎久保誓一), 오오이시 세이스케(大石誠之助), 미네오 세츠도우(峯尾節堂), 나루이시 헤이시로우(成石平四郎), 나루이시 칸좌부로우(成石勘三郎), 오키노 이와사부로우(沖野岩三郎) 등과의 교류로 큰 힘을 얻는다. 결국 이들도 사회주의자 코우토쿠 슈스이(幸德秋水)가 시코쿠(四国)에서 신구에 왔을 때 만났다는 이유로, 오키노 이외에 모두 대역사건을 빌미로 사형 판결을 받는다.

6. 다카키 겐묘와 사회문제의 관련성

앞서 말했듯이 다카키 겐묘는 신구 시에 있는 진종 대곡파에 소속된 조센지(浄泉寺)의 주지가 되어, 그곳에서 피차별 부락민들과 만나게 된다. 일본에서 부락차별이 생긴 데에는 여러 가지 설이 있지만, 현상적으로 드러나는 것은 어떤 특정 민중을 여러 가지 이유로 차별하고 억압하는 사회구조이다. 예외도 있지만, 이들 대부분은 사회적 빈곤층을 형성하고 있었다. 다카키 겐묘는 조센지의 주지가 되어 조센지의 구성원들 중 특히 가난한 피차별 부락민들과 만나게 된다. 그 만남으로 피차별 부락에 대해 차별적 의식을 가지고 있던 과거의 자신을 반성하고, 피차별자와 더불어 살아가는 방식을 과제로 삼는다. 그것은 바로 다카키 겐묘에게 신란의 아미타불 본원을 근본 과제로 삼아 살아갈 각오가 반영되었기 때문일 것이다.

즉, 차별의 현실을 자기중심적인 분별심으로 판단하여 차별적으로 단정하는 게 아니라, 차별적이었던 자신의 판단과 결정을 근본부터 되묻는 근원적인 비판의 눈(부처의 눈)이 신란의 가르침을 통해, 또 차별의 현실을 통해, 다카키 겐묘 자신의 차별성이 비추어지면서, 다카키 겐묘로 하여금 차별자로서의 자각을 얻게 했을 것이다. 이로써 다카키 겐묘는 아미타불 본원의 부름인 염불(신란은 염불을 그렇게 해석한다)을 하고, 그 염불을 하는 과정에서 자신과 만나고, 또 타인과도 만나 불도를 걷는 사람이 된다. 나는 이 다카키 겐묘에게서 염불자의 전형을 본다.

그러나 이런 다카키 겐묘를 이해한 사람들은 같은 종교의 길을 걷는 정토진종(浄土真宗) 사람들이 아니라 사회주의자이자 그리스도인이었다. 신구 시에는 다카키 겐묘가 소속된 진종 대곡파 사원이 없었고, 다카키 겐묘와 행동할 진종 승려도 없었다. 또한 진종 대곡파 사찰이 있었다고 해도 진종 대곡파 교단은 사건이 발각되자마자 그를 배척했을 정도였으므로, 다카키 겐묘를 이해할 수 있었는지 여부는 알 수 없다.

이런 상황 속에서, 그를 이해하는 자가 교단 내에는 없었지만, 교단 밖에는 있었다. 그 중의 한 사람이 다카키 겐묘와 직접적인 연결고리는 없지만, "지도에 있는 조선국에 먹물을 바르며 가을바람을 듣는다"는 노래로 한반도를 식민지 지배를 하던 일본을 비판한 시인 이시카와 타구보쿠(石川啄木)였다. 야마이즈미 스스무(山泉進, 明治大学教授)가 자신의 논문 「'대역사건'이란 무엇인가」에서 밝힌 바에 따르면,[1] 이시카와는 대역사건의 변호사였던 친구 히라이데 슈(平出修)에게 재판 자료를 비밀리에 빌려 정독하면서, 대역사건의 본질을 이해한 사람이었다.

야마이즈미는 진종 소책자 『다카키 겐묘』(2000년 5월)에서 "그런데 '대역사건'이라고 하는 것은, 이시카와 타구보쿠가 꿰뚫어 본 것처럼, 세 개의 상이한 '사건'이 하나로 구성된 것"[2]이라고 언급하고 있다. 세 가지 사건이란, 첫째로 나가노 현 아카시나(長野県明科)에서 일어난 '폭열탄(통조림 폭탄) 제조 사건'이다. 둘째는 1908년 11월에 도쿄 스가모(巣鴨)의 헤이민샤(平民社)에서 코우토쿠 슈스이(幸徳秋水)를 중심으로 천황 암살 계획이 모의되었다는

---

1   山泉進,「大逆事件이란 무엇인가」,『身同』14, 1995.8.
2   『高木顕明』, 真宗ブックレットNo. 8(2000年 5月), p. 24.

물증 없는 설, 셋째는 조동종(曹洞宗) 승려인 우치야마 구도(內山愚童)의 방언(放言)에 기원을 둔, 내용도 없고 계획도 없던 '황태자 암살'이라는 이야기(放談話)이다. 이것이 "원래 관련성이 없는 세 가지 '사건'을 코우토쿠 슈스이를 중심으로 하나의 대사건처럼 프레임화한 것이 '대역사건'의 본질"[3]이라는 것이다.

이와 같이 진종 대곡파 교단의 식견은 외부를 향해 있었다. 혹은 그러한 인식과도 무관할 정도로 진종 대곡파 교단과 그 교학은 당시 사회에 문제 제기를 하지 않는 수준이었다고 할 수 있다. 불교와 관련된 자들이 시대와 사회에 무관심했던 것은 당시만의 문제가 아니다. 그러한 사회에 관여하지 않는 불교야말로 지금까지 이어지는 현실적인 교학 문제가 아닐까 싶다. 왜 그럴까? 그것이 이 소론을 제기하는 하나의 문제의식이기도 하다.

어쨌든 필자도 소속되어 있는 진종 대곡파는 다카키 겐묘를 이해하기는커녕 일방적으로 국가가 날조한 '대역사건'과 관련해 그를 "역도"로 단정하고 쫓아냈다. 이것이 신란의 가르침을 바탕에 둔 진종 대곡파 교단의 당시 현실이었으니, 다카키 겐묘가 일상적으로 사회 본연의 자세에 의문을 갖는 신구 시의 사회주의자들과의 관계가 깊어져 갔다는 것에 납득이 간다. 그것이 사회주의

---

3   同書, p. 27.

자들과 함께 대역사건에 연좌되는 상황적 원인이기도 하다.

7. 다카키 겐묘의 사상과 종교

다카키 겐묘는 청일전쟁, 러일전쟁 등 잇따른 전쟁과 일본의
제국주의적 팽창이라는 현실 속에서 그에 이의를 제기하는 사회
주의자들과 교류하면서 사회문제에 더욱 관심을 가진 것이 틀림
없다. 그러나 앞서 언급한 바와 같이, 다카키 겐묘는 피차별 부락
민들과 만나고 불교 전도와 관련이 있던 광산 노동자들과 관계를
맺으면서 사회에 관여하는 불교를 지향하게 되었다. 심지어는 당
시의 대표적인 불자들까지도 신란의 염불 사상을 곡해하여, 승려
임에도 불구하고 호전적 자세로 전승을 즐겨 알리고, 전쟁을 지
지하는 말들을 했다. 다카키 겐묘는 당시의 공창제도를 문제 삼
아 신구 시에 그 시설이 개설되는 것에 반대 입장을 취했다. 그런
식으로 현실 문제에 깊은 관심을 가지고 있던 사람이 다카키 겐
묘이다. 결코 현실 문제를 간과할 사람이 아니었다.

다카키 겐묘는 사회 현실을 직시하면서 신란이 밝힌 정토진종
의 가르침을 배우는 염불자로서, 사회와 관련된 생활 방식을 실천
한 것이다. 그것에 대해서는 이 글의 마지막에 첨부한 「나의 사회
주의」에서 볼 수 있다. 특히 신란의 가르침으로부터 질문을 받고,

현실에서 배워가는 다카키 겐묘의 생활방식이 훌륭하게 나타나 있다. 이 글을 정독하면, 다카키 겐묘의 행동 원리는 어디까지나 그가 신앙하는 신란, 즉 일본 가마쿠라시대에 활약했고, 정토진종 이라는 이름의 불교를 밝힌 신란의 사상이었음을 알 수 있다.

앞서 언급한 것처럼 다카키 겐묘의 행동 원리는 정토진종이다. '정토진종'(浄土眞宗)은 말 그대로 정토를 진실의 근거로 삼는다는 의미이다. 정토란 모든 사람이 차별 없이, 평등하게 구원받기를 원하는 아미타불의 국토이다. 그 정토야말로 모든 사람의 존재의 고향이다. 그곳을 근거로 하여 살겠다고 분명히 한 것이 정토진 종이다. 정토진종이란 결코 하나의 종파(섹트)를 뜻하는 말이 아 니다. 아미타불의 본원, 말하자면 인류의 비원(悲願)을 구체화한 이름이다.

일반적으로 정토진종라는 명칭을 다른 불교 교단과 구별하기 위한 단순한 종파 명으로 생각하기 쉽지만, 신란은 정토진종이 라는 명칭을 어느 상황에서든 종파 명으로 사용한 적이 없다. 신 란은 정토진종을 인류의 구제를 밝히는 근원의 세계를 열기 위 한 다르마(법)로 사용하고 있다. 참고로 신란의 주요 저서 『교행 신증』(教行信証)에 사용된 정토진종이라는 용어를 모두 열거해 보 면, 어떤 것도 정토진종을 종파 명을 나타내기 위한 명칭으로 사 용한 적이 없음을 알 수 있다. 정토진종이란 다르마(법)로서의 불 법(仏法)을 나타내기 위한 명칭이다. 우리가 인간으로서 살아가기 위해 반드시 필요한 인간의 원점을 분명히 하는 명칭이다. 비인간화해 가는, 또는 인간인 것을 빼앗겼거나 또는 인간인 것을 잃어버리고 있는 우리를 인간으로서 재생하고 회복시켜 가는 원점이라고 해야 할 것이다. 다시 말하면 인간의 근원적 바람 자체를 드러내려는 명분에 따른 말이다. 그 명분은 모든 사람과 더불어 사는 정토에 대한 염원을 잃어버린 인간에게, 정토야말로 진실의 근간(宗要)이며 인간의 삶의 방향과 근거임을 밝히는 데 있다. 그 정토의 진실을 살고자 했던 사람, 그가 바로 다카키 겐묘이다.

그런 의미에서는 정토의 세계(공통의 광장)를 찾지 않으면, 인간은 제대로 된 인간이 될 수 없다. 그렇기 때문에 정토를 진실의 근간(宗)으로 삼는 것을 다르마(법)로 가르치고 있는 것이다. 정토를 진실의 근간으로 삼는다는 말은 끊임없이 전쟁과 차별이 소용돌이치고 있는 현실사회의 근저에 평화와 평등을 요구하는 근본적인 마음이 작동하고 있다는 뜻이다. 그러한 근원적 사실에 대한 제언이 정토를 진실의 근간(宗)으로 삼는 명분이며, 그 근원적 사실에 눈을 뜨는 것이 자신을 깨운 여래의 부름, 즉 아미타불에 호응하며 '나무아미타불'이라고 염불하는 것이다. 그것이 신란이 말하는 염불이다. 그것이 염불자의 탄생이다.

그러한 신란의 가르침을 끊임없이 구하고, 배우고, 살아가려고 한 것이 다카키 겐묘이다. 그것이 다카키 겐묘로 하여금 반전평화를 바라는 '반전론자'로서 스스로를 자리매김하게 한 것이다.

〈나의 사회주의〉에는 그것이 명확하게 나타나 있다. 다카키 겐묘는 자신이 '반전론자'인 이유를 "극락세계에서는 다른 나라의 국토를 침해했다는 말을 들은 적이 없고, 의를 위해 대전쟁을 일으켰다는 것도 일절 들은 적이 없다. 따라서 나는 '반전론자'이다. 전쟁은 극락의 분인(分人: 여래에 의해 회향되어 염불을 깨닫고 자각한 염불자)으로서 할 수 있는 일이 아니라고 생각한다"고 신란이 명확하게 밝히는 정토진종의 가르침에 입각해 반전평화의 바람을 적고 있다. 이어서 그러한 다카키 겐묘 사상의 핵심을 분명히 하고 있는 〈나의 사회주의〉(이 글 뒤에 부록으로 첨부했다)를 다시 고찰하여 다카키 겐묘의 평화 구축에 관해 생각해 보고자 한다.

8. 〈나의 사회주의〉를 통해 반전평화를 생각하다

다카키 겐묘의 글을 보면, 그의 사회참여는 신란의 염불사상의 영향 하에서 전개되었음을 잘 이해할 수 있다. 참고로 신란이 말하는 '염불'은 일반적으로 생각할 수 있는 자기 욕구의 만족, 즉 자신의 바람을 필사적으로 신불(神佛)에게 의뢰하여 만족시키는 주술적 행위가 아니다. 번뇌로 고뇌하는 자신의 무력함에 눈을 뜨고, 그 자각의 밑바닥에서 "당신의 생활 방식은 괜찮은가?"라고 질문하는 아미타불의 부름, 그것이 신란이 말하는 염불이다. 신

란의 표현으로 하자면, "염불은 아미타불의 본원에서 생긴다." 살아있는 모든 것을 본원의 국토(정토)에로 부르는 절대적인 말씀이다. 신란은 말한다: "귀명은 본원초환의 칙명이다'(歸命は本願招喚の勅命なり)"(『教行信証』).

다카키 겐묘는 신란이 이해한 염불사상을 그대로 계승하고, 전쟁을 하는 인간, 차별하는 인간을 자신의 일로 여기고 문제시하면서 반전평화를 주창하고 차별에 반대하며 평등하게 살고자 했다. 그러한 사상과 생활 방식이 메이지의 일본 제국주의적 의지와 정면으로 대립한 것이다.

〈나의 사회주의〉(余が社会主義)에서 다카키 겐묘가 이해한 신란의 염불사상과 그 가르침에 따라 살자고 호소하는 다카키 겐묘의 말을 한 구절 소개한다. 다카키 겐묘에 의하면, 신란의 가르침은 주관적인 자아심 속에 자신을 가두는 것이 아니라, 자아심을 해방시키고, 아미타불의 본원에서 본래의 자신을 발견하는 것이다. 그것은 자기중심적인 생활 방식에 대하여 아미타불의 본원에서 나오는 '이대로 괜찮은가' 하는 질문을 하면서 "길을 모색하며" 사는 것이다. 그로 인해 세계에 대하여 닫혀 있던 자신을 열고, 사회와 연결하여 살아가는 방식을 스스로에게 여는 것이다. 다카키 겐묘는 사회와 관련되어 자신이 열려 있다는 것을 다음과 같이 확신하고, 그 세계를 살아가려고 했던 것이다.

그에 대해 〈나의 사회주의〉에서는 이렇게 가르친다: "이 암흑의 세계에 서서 구원의 광명과 평화와 행복을 전도하는 것은 우리의 대 임무를 완수하는 것이다. 제군이여, 바라건대 우리와 함께 나무아미타불을 하자. 잠시 전승을 즐기고 만세를 외치는 짓을 그만둬라. 나무아미타불은 평등하게 구제하고 목소리를 내야 하기 때문이다. 제군들이여, 바라건대 우리와 함께 나무아미타불을 염불하여 귀족적 근성을 떠나고, 평민을 경멸하는 일을 멈춰라. 나무아미타불은 평민에게 동정의 목소리가 되어야 하기 때문이다. 제군들이여, 바라건대 우리와 함께 나무아미타불을 염불하고 생존경쟁의 마음을 떠나 공동생활을 위해 힘쓰자. 나무아미타불을 주창하는 사람은 극락의 사람이 되어야 한다."

이처럼 다카키 겐묘는 첫째, 암흑의 '시대 인식'을 내세우며, 자신은 그 세계에서 아미타불의 구원(부름)을 받아, 아미타불의 '광명과 평화와 행복'을 전도하는 사명이 있다고 받아들였다. 그리고 그것을 근거로 하여 유명 불교학자가 러일전쟁 당시 전쟁을 고무하는 모습을 비판하고 불쌍히 여기면서, 적을 만들고 적을 차별하며 죽이라는 것이 전쟁의 있는 그대로의 본성이라고 강조한다. 그러면서 "나무아미타불은 평등하게 구제하고 목소리를 내야 한다."며 나무아미타불을 강조한다.

또 부락 차별로 대표되는 사회적 차별에 대해서도 마찬가지로 "나무아미타불은 평민에게 동정의 목소리가 되어야 한다."며 피차별자를 마주하는 나무아미타불을 강조한다. 또한 빈부 간의 사회적 격차에 대해서는 "나무아미타불은 생존경쟁의 마음을 떠나 공동생활을 위해서 힘써야 한다."고 호소한다.

마지막으로 그가 밝히고 있는 것은 "나무아미타불을 외는 사람은 극락의 사람이 된다."는 신란 사상의 핵심이라 할 수 있다. 즉, 이 사바세계에 있으면서 아미타불의 본원에 사는 사람, 염불자는 '극악의 인수(人數),'[4] 경전의 표현으로는 "정정취(正定聚)에 산다"는 것이다. 이것이야말로 바로 종교에 입각한 평화 구축의 표현이 아닌가.

9. 나가는 말

이런 현실의 체제 사회를 '암흑'으로 보는 사고방식과 삶의 방식이 실은 불합리하게도 대역죄에 연좌된 근본적 이유가 되었다. 실제로 대역사건으로 사형 판결을 받은 사람들은 아무도 구체적으로 행동을 하지 않았다. 아주 극소수의 사람이 폭발탄(깡통에 폭약을 주입한 것)을 실험했는데, 그것을 빌미로 가공의 계획에 의기양양했을 뿐이다. 폭발탄을 실험한 4명이 당국에 의해 밝혀졌지

---

4   역자주: 염불을 하는 사람을 말함.

만, 전혀 관계없는 일본 국내의 사회주의자, 무정부주의자, 종교인 등 합계 26명이 체포되었다. 이른바 세상에서 말하는 '주의자'로서의 '사상'을 추궁당한 것이다. 말하자면 국익 때문에 전쟁보다는 민중의 평화, 인권을 내세우는 사상이 탄압을 받은 것이다.

이 사건은 일시적인 것이 아니다. "사상이나 언론자유가 존재하는 곳, 그리고 사회적 불평등이 존재하는 곳, 혹은 인권에 대한 시민적 감각이나 제도적 보장이 약한 곳에서는 반드시 일어날 수 있다. 즉, 현재진행형인 사건이다."[5] 여기서도 지적하고 있듯이, 그것은 과거의 문제가 아니라 현대의 문제이다.

특히 일본에서는 2022년 12월 14일 국회 심의도 없이 각료회의에서 결정된 〈안전보장3문서〉에 명확하게 명시된대로 '적기지 공격 능력 유지'와 '대대적인 군비 확장'이 궤도에 오르고 있다. 이것이 실제로 움직이면 전쟁이 발발할 것이다. 과거 침략전쟁과 같은 일이 일어나지 않으리란 보장은 어디에도 없다. 다시 한 번 다카키 겐묘가 〈나의 사회주의〉에서 제기하는 반전평화의 염원을 받아들여 평화 구축을 과제로 삼는 것이, 정토(浄土)의 진종(真宗)에 관련된 자의 사명이 아닐까 한다.

5   同書, p. 27.

나의 사회주의[*]

다카키 겐묘(高木顯明)

1. 서론

내가 여기서 말하는 사회주의란, 칼 마르크스가 말하는 사회
주의 그대로가 아니다. 톨스토이의 반전론에 복종한 것도 아니
다. 소위 사회주의자 가타야마 센(片山潜)이나 후루카와 리키사쿠
(古河力作), 고토쿠 슈스이(幸德秋水)와 같이 과학적으로 해석을 하
여 천하에 널리 알릴 수 있는 길도 없다. 하지만 나에게는 나만의
믿는 것이 있고, 실천해 나갈 생각이기 때문에 그것을 써 본 것이
다. 어쨌든 독자 여러분의 반대도 있고 웃음거리가 될 수도 있을
것이다. 하지만 이것은 나에게 매우 큰 결심이라 할 수 있다.

---

[*] 논문 중의 경칭은 생략했다. 다카키 겐묘의 〈나의 사회주의〉(1904)는 원
문의 현대어 번역을 한국어로 번역한 것이다. 현대어는 오사카시 진종 대
곡파(真宗大谷派) 승려인 베키 코쇼(戸次公正) 씨의 번역이며, 그 현대어
를 한국어로 번역한 이길주(제주대학교) 씨에게 감사드린다. (일어 현대
어 원고의 [ ] 속 설명은 주로 표시했음.) 1904년 원문에는 필자명이 遠松
으로 되어 있다. 遠松은 다카키의 필명이다.

2. 본론

사회주의라는 것은 이론이 아니다. 일종의 실천법이다. 어떤 사람은 "사회 개량의 예언이다"라고 하지만, 나는 그것을 위해 제일 먼저 시작하는 방법이라고 생각한다. 따라서 우리는 가능한 한 이것을 수행해 가고자 한다. 현재의 사회제도를 계속 개량해 사회 조직을 근본적으로 변화시키지 않으면 안 된다고 생각한다.

또 어떤 사람은 사회주의를 정치 토론으로 여기고 있다. 나는 사회주의란 정치보다 종교에 관계가 깊다고 생각한다. 나는 사회의 개량을 우선 정신적인 측면에서 진행하고자 한다. 따라서 선배 사회주의자에 의해 이미 체계화된 사고방식을 빌리지 않고, 내가 생각하는 나의 신앙과 실천의 일부분으로서 이야기할 생각이다. 나는 사회주의를 둘로 분류하여 이야기할 계획이다. 첫째는 신앙의 대상이라고 하고, 둘째는 신앙의 내용이라고 한다. 그 첫째인 신앙의 대상 부분을 다시 셋으로 분류할 것이다. 그 셋은 교리, 인사(人師), 그리고 사회이다. 둘째, 신앙의 내용을 다시 둘로 분류할 것이다. 첫째는 사상 전환, 둘째는 실천 행위이다. 여기서 첫째, 믿음의 대상인 교리라고 하는 것은 무엇인가 하면, 즉 나무아미타불이다. 이 나무아미타불은 인도의 말로서, 참된 부처님의 구제의 목소리이다. 어두운 밤의 광명이다. 절대적 평등의 보호이다. 지자에게도 학자에게도, 관리에게도 부자에게도 안위

¹를 주고 있지만, 미타(彌陀)의 목적은 주로 평민²이다. 우부우부³라고 불리는 사람들에게 행복과 안위를 주는 위대한 목소리이다.

○ 일본의 말로 바꾼다면, 아미타불(阿彌陀仏)이라는 과경⁴의 평범한 선을 이루는 자가 "구원할 테니 안심하라, 지킬 테니 걱정하지 말라."고 불러준 목소리이다. 아, 우리에게 힘과 생명을 주는 것은 나무아미타불이다.

○ 실로 이 세상을 절대 초월한 세계의 자비이다. 부처님의 박애이다. 이것을 사람을 죽이자는 소리라는 말로 듣고 기뻐하는 사람이 있지만, [이들에겐] 기가 막힐 뿐이다. 이렇게 보면 우리나라에는 종교라는 것도 나무아미타불이라는 것도 제대로 아는 사람은 적은 것 같다.

○ 그 핵심으로서 나무아미타불에는 평등의 구제, 평등의 행복과 평화, 안위 등의 의미가 있다고 나는 생각한다. 그런데 이 나무아미타불에서 원수(仇敵)를 항복시킨다⁵는 의의를 발견할 수 있을까.

○ 나는 난죠 분유(南條文雄) 박사의 "죽는 것은 극락 딱따구리"

---

1 안락함, 위로하는 일.
2 관직에 있지 않은 서민.
3 愚夫愚婦: 어려운 걸 모르는 사람들을 욕하는 말.
4 過境: 여기를 초월한 경계.
5 降伏: 악마나 仇敵를 기도로 억누르고 진정시키는 것.

(死ぬるは極楽ヤッツケロ. 내용의 요지: 죽어도 괜찮다. 극락정토에 간다. 그러니까 죽을 때까지 싸워라) 연설을 2, 3회 들었다. 저것은 적의 마음[6]을 자극한 것인가, 아니면 불쌍하다는 느낌이 일어나는 것은 아닌가.

○ 둘째로 인사(人師, 인간의 스승이란 뜻)란 내가 이상으로 삼는 사람이다. 첫째는 석존(釈尊)이다. 그의 한마디 한마디는 개인주의적이라는 논의도 있을 것이다. 그러나 그의 일생은 어떠한가. 왕위를 버리고 사문[7]이 되어, 자신과 타인과의 '발고여락[8]'을 위해서 평생 삼의일발[9]로 보리수 아래에서 생애를 마쳤다. 그의 임종 때에는 새나 동물류까지 이별을 슬퍼했다는 것은 실로 영계[10]의 위대한 사회주의자라고 할 수 있는 것은 아닐까.(그러나 지금부터 후대의 平民社나 直言社 등의 사회주의자와는 동일하게 논할 일이 아니다.) 그는 적어도 인작[11]은 아마 마음에 두지 않았을 것이다. 그 당시의 사회제도의 일부를 개량했을 것이다. 아니 실은 백반[12]을 확실하고 완전하게 변화시키고 있다.

---

6   어디까지나 적과 싸워 쓰러뜨리려고 하는 투지.
7   출가자.
8   拔苦与楽: 고통으로부터 해방.
9   三衣一鉢: 간소한 옷과 탁발로 생활하는 걸인=걸인인 수행자의 모습.
10   霊界: 정신세계.
11   人爵: 사람이 정한 사회적 계급.
12   百般: 다양한 방면.

○ 인도나 중국에서 그런 사람을 열거하면 많이 있다. 그러나 지금은 이것을 생략해 둔다. 일본에서는 덴쿄(伝教)[13]도, 구카이(弘法)[14]도, 호넨(法然)도, 신란도, 잇큐(一休)도, 렌뇨(蓮如)도 가장 평민에게 동정심이 두터운 사람들이다. 특히 나는 신란이 '御同朋御同行'에 대해 "부처님의 가르침을 얕잡아 보는 것으로, 출가한 승려를 깔보고, 덕이 있는 법사나 승려라는 호칭을 가볍게 여겨 하인의 이름으로 삼고 있다"거나, "승려나 법사라는 호칭은 존귀한 것으로 알고 있었지만, 데바닷타(提婆達多)가 제시한 다섯 개의 사악한 가르침처럼, 사람들이 업신여기는 것을 중이나 법사라고 부르게 되었다"(愚禿悲嘆述懐和讃九 · 十二)고 말한 것을 생각해 보면, 그는 실로 평민에게 동정심이 두터울 뿐만 아니라, 확실히 심령계[15]의 평등한 생활을 이룬 사회주의자였다고 생각한다.(그러나 이것을 현재의 사회주의자로서 논하는 것은 불가능하다.) 나는 이런 점에서 불교는 평민의 어머니이며 귀족의 적이라고 말한 것이다.

○ 셋째는 사회이다. 이상세계이다. 여러분은 어떻게 생각하는가. 나는 극락세계를 사회주의의 실천 장소라고 생각한다. 미타가 32상(相)이라면 지금 모임의 새로운 보살도 32상이고, 미타가

13 　最澄.
14 　空海.
15 　정신적 세계.

팔십수형호(八十随形好)라면 수행자도 팔십수형호이다. 미타가 백미(百味)의 음식이라면 중생도 백미의 음식이다. 미타가 응보 묘귀[16]라면 중생도 응보묘귀로서, 안통에서 이통·심족통·타심 통·숙명통[17]으로 미타와 다르지 않은 신통력을 얻어, "불심이란 대자비이다"(観無量寿経)라는 마음이 되고, 타방국토(他方国土)에 날아가 인연이 있는 사람들을 제도하기에 한가할 틈이 없는 몸이 된 까닭에 극락이라고 한다. 바로 극락토라는 사회주의가 실행되고 있는 것이다.

○ 극락세계에서는 다른 국토를 침해했다는 말도 들은 적이 없으며, 명분을 세워 이를 빌미로 대전쟁을 일으켰다는 말도 일체 들은 적이 없다. 이에 따라 나는 이것으로 반(反)개전을 논하는 사람이다. 전쟁은 극락에 몸을 둔 사람이 할 짓이 아니라고 생각한다.(그러나 사회주의자 중에서도 개전론자가 있을지 모른다.) (모우리 사이안毛利柴庵을 가리킨다.)

○ 첫째 신앙의 내용이다. 우선 사상 전환에 대해 이야기하겠다. 전문가 쪽에서는 이것을 '일념귀명'(一念帰命)이라든가 "행자(行者)의 능신(能信)"이라며 소리높여 말한다.

---

16 鷹報妙服: 應報妙服(おうほうのみょうぶく)＝불타의 작법에 맞춘 가사.
17 眼通·耳通·神足通·他心通·宿命通: 六神通 중에 五通을 말한다. 第六通은 漏尽通.

ㅇ 전부터 이야기해 온 석존 등 인사(人師)의 가르침에 의해 이상세계를 욕망하고, 구세주인 미타가 부르는 소리를 들어, 깊게 우리 식심[18]에 느껴졌을 때, 가장 편안한(大安) 마음을 얻을 수 있고, 매우 큰 기쁨(大慶喜心)이 일어나 정신은 매우 활발해진다.

ㅇ 참으로 그럴 것이다. 어떤 부류에 속한 인물의 명예, 작위, 훈장 때문에 평민이 희생되는 나라에 살고 있는 우리이기 때문에, 어떤 투기사업을 일로 하는 소수 인물의 이해관계를 위해 평민이 고통당하지 않으면 안 되는 사회이기 때문에, 부자를 위해 가난한 사람은 짐승처럼 보이는 것은 아닌가. 굶주림에 절규하는 사람도 있고, 가난을 위해 절개를 파는 여자도 있고, 비를 맞는 어린아이도 있다. 부호나 관리는 이들을 애완물로[19] 보고, 이들을 박해해 이들에게 괴로운 노동을 하게 하고, 자신은 아무렇지도 않고 기쁘게 지내고 있는 것은 아닌가.

ㅇ 외부의 자극이 이와 같이 되어 있기 때문에 주관적인 기능도 상호 야심으로 가득 차 있을 것이다. 참으로 혼탁한 세상이다. 소통이 끊이지 않는 세상이다. 어두운 밤이다. 악마를 위해 인간

18　識心: 唯識에서 識은 六識(眼·耳·鼻·舌·身·意)이며 心이란 아라야 식을 말한다. 즉 몸과 마음이다.

19　玩弄物視: がんろうぶつし=가치가 낮은 것으로서 인격을 무시한 취급을 하는 것.

의 본성은 살육 당해버린 것이다.

○ 그런데 부처님은, 우리를 지키겠다, 구하겠다, 힘이 되겠다고 계속 외치고 있다. 이 광명을 찾은 자는 진정으로 평화와 행복을 얻었다. 염세적[20]인 번뇌[21]를 떠나 낙천적[22] 경계에 도달했을 것이라고 생각한다.

○ 사상은 변하지 않을 수는 없다. 부처님이 완성한 것을 이루고, 부처님이 행하신 것을 행하고, 부처님의 마음을 가지고 마음이라고 하자. 여래가 밝힌 것처럼 몸을 지탱해야 할 것이다. 대결심은 지금이다.[23]

○ 둘째 실천 행위 다음으로 사상 전환이 부처님의 박애를 깊이 느낀 것이라면, 여래의 자비심을 체인(体忍)하고(体忍인가 耐認인가, 여기서 耐忍은 諦忍이라고 하는 것이 좋은 건가) 이것을 실천하지 않으면 안 된다. 국가로부터 훈장을 받아 후작이 되었다고 해

20 살아 있는 것이 싫다고 생각한다.
21 고민하고 괴로워하는 일.
22 현실을 긍정적으로 보고 처한 환경 속에 즐거움 찾는.
23 善導의 『観無量寿経疏』에 "모든 염불행자는 오직 외길로 부처님의 말씀을 믿고, 목숨을 돌보지 말고, 결정하고, 자신의 행동에 의해, 부처가 이것이 불필요하다고 생각한 것은, 부처님의 말씀대로, 불필요한 것을 버려라. 그리고 부처님의 명대로 부처님의 길을 걸어라"고 한다. 『教行信証』信巻에 인용되어 있다.

서 칠십 가지 [낯짝을] 하고 8세의 묘령의 둥근 얼굴[24]을 희롱한다면 이상적인 인물이라고는 하지 못할 것이다. 전쟁에 이겼다고 해도, 병사의 죽음과 상처를 돌보지 않는 장군이라면 우리에게는 아무런 가치도 없다. 화족[25]의 저택을 들여다보았다고 어린아이를 때린 인물 등은 실로 매우 질이 좋지 않은 것이 아닌가.

ㅇ 우리는 이런 대훈위라든가 장군이라든가 화족이라든가 하는 사람이 되고 싶지 않다. 이런 자가 되기 위해 일하는 것은 아니다. 오로지 나의 활력과 사람의 노동으로 실행하고자 하는 것은 앞으로 나아가려는 것이다. 공동생활이다. 생산을 위해 노동하고 득도를 위해 수양하는 것이다. 그런데 전쟁 승리를 위해 신이나 부처에게 기도하는 종교인이 있다는 소리에 탄식하지 않을 수 없다. 아니 오히려 불쌍할 뿐만 아니라 안쓰럽기까지 하다.

ㅇ 이 암흑세계에 서서 구원의 광명과 평화와 행복을 전도하는 것은 우리의 커다란 임무를 완수하는 것이다. 제군이여, 원하건대 우리와 함께 나무아미타불을 외우자. 지금 전승에 들떠 만세를 외치는 것을 그만해라. 왜냐하면 이 나무아미타불은 평등을 구제해야 하는 목소리니까. 제군이여, 바라건대 우리와 함께

---

24 여성의 얼굴이 둥글고 애교가 있는 것.
25 華族: 작위를 가진 사람과 그 가족. 明治 정부에 의해 시작되어 패전 후 폐지되었다.

나무아미타불을 염송하여, 귀족 근성을 버리고, 평민을 경멸하는 것을 그만 두어라. 왜냐하면 나무아미타불은 평민을 향한 동정의 목소리이기 때문이다. 제군이여, 바라건대 우리와 함께 이 나무아미타불을 염송하고 생존 경쟁의 마음을 떠나 공동생활을 위해 힘써라. 왜냐하면 이 나무아미타불을 염송하는 것은 극락에 사는 것이니까. 이처럼 염불에 의의가 있는 한, 정신적 시각에서 더 나아가 사회제도를 근본적으로 변화시킨다는 것이 내가 확신한 사회주의이다. 끝으로 어떤 사람이 마치 개전론의 증거가 되는 문서인 양 인용하고 있는 신란 성인의 편지글을 인용하면서, 이 책이 개전을 의미하는지 아니면 평화의 복음인지, 잠시 독자 여러분의 지도를 받들기로 한다.

○ 어소식집(御消息集 四丁 右上略)에 "결국 당신에 한정하지 않고, 염불을 외는 사람들은 스스로를 위해서가 아니라, 황실을 위하고 국민을 위해서, 염불을 서로 하도록 하는 것이 좋다고 생각합니다. 자신이 (정토에) 왕생할 수 있을지 확신할 수 없는 사람(정토에 다시 태어나는 것을 부정하는 사람)은 먼저 자신이 왕생할 수 있도록 생각하고 염불하시는 것도 좋습니다. 하지만 자기 자신의 왕생은 정해져 있다고 생각하는 사람은, 부처님의 은혜를 느끼고 계시니 보은을 위해 염불을 마음에 담아, 세상이 안온해지고 불

법이 널리 퍼지도록 염원해야 마땅하다고 생각됩니다."[26] 아아, 의심은 끊임없이 생긴다. 여기 올린 글은 평화의 복음인데 이것을 실수로 나팔의 공격음으로 듣고 만 것인가. 혹은 진종진태고[27] 소리인 것을 내가 잘못해서 평화의 교시이라고 들은 것인가. 독자 여러분의 결정에 맡기기로 하자.

ㅇ 하지만 나는 다행이다. 나팔 소리도, 진지에서 나는 종소리도 평화의 복음이라고 들었기 때문이다. 감사할 따름이다. 나무아미타불.[28]

역자 주 : 본문에 나타나는 불교인, 사회주의자의 이름이나 '사회주의'라고 하는 용어의 사상사적 의미에 대한 언어 주해와 의역 작업은 범위를 넘는 자료로서, 향후 검토 사항이므로 여기서는 생략한다.

번역 / 이길주

26 以上 御消息集・広本七／真宗聖典 五六九頁.
27 陣鐘陣太鼓: 전쟁의 시작을 알릴 때의 종소리와 진지 안에서 울리는 북소리.
28 신란의 편지(御消息集広本七)의 의역문은 田川建三 저서인 『신란의 虛俊와 実像・5』(잡지 『指』 제359호 1981년 8월호 수록)에서 인용하였다. 〈황실을 위해서〉'에는 "모두를 위해서 말씀하셨다"라는 신란의 좌훈이 붙어 있다. 신란 시대의 '오오야케(모두)'란 "천황가 및 그 지배체제"를 가리킨다. 〈국민〉에는 "나라의 民, 百姓"이라는 신란의 좌훈이 붙어 있다.

08. 제주 4 · 3사건과 평화[*]

안 신

---

[*] 이 글은 안신, 「제주4 · 3사건과 종교 그리고 평화」, 『평화와 종교』 14, 2022, 123-142쪽의 일부를 새롭게 수정하고 보완한 것이다.

1. 망각의 어둠에서 진실의 빛으로

제주도의 아름다움으로 인하여 제주도민이 경험한 참혹한 고통의 기억을 망각의 어둠 가운데 잊는다. 그러나 인간은 거주하는 공간과 장소의 영향을 계속 받으며, 독특한 정체성을 형성한다. 제2차 세계대전 때에, 독일 폭격기를 유인하는 시설로 사용된 영국의 아르니(Arne) 마을은 "상실된 삶과 평화의 역설"을 동시에 보여준다.

> 오늘날 아르니는 평화롭고 아름다운 장소이다. (중략) 군사 경관은 주위의 자연이 이미 삼켜 버렸는지 몰라도, 완전히 사라진 것은 아니다. 그래서인지 이처럼 평화로운 경관 바로 아래에 그토록 폭력적인 경관이 놓여 있다는 사실은 적잖은 불안스러운 일이다.[1]

---

[1] 엘러스테어 보네트, 박중서 옮김,『장소의 재발견』, 서울: 책읽는수요일, 2015, 39-40쪽.

노무현 정부가 2005년 1월 27일 '세계평화의 섬'으로 지정한 제주도는 이보다 먼저 유네스코(UNESCO)에서 2002년 생물권보전지역으로 지정되었고, 2007년에는 '제주 화산섬과 용암동굴'의 이름으로 세계자연유산으로 등재되었으며, 2010년에는 세계지질공원으로 인정된 천혜의 섬이다. 이처럼 평화로운 남도에도 금기로 여겨져 침묵이 강요된 오랜 어둠과 슬픔의 역사가 있다. 1945년 우리나라는 일제강점기로부터 광복의 기쁨을 맞이하였지만, 대한민국을 건국하기 전이었던 1948년 4월 3일에 남조선노동당(남로당)의 급진세력이 봉기하였다. 평화와 통일을 갈구했던 이 사건은 미군정의 실정, 경찰과 서북청년회의 횡포에 대한 불만이 폭발한 것이었지만, 군경에 의해 "한국 역사상 한 지역에서 일어난 민간인 학살로는 최대의 참혹한 희생을 초래했다."[2]

　　이거 정말, 난생 처음이에요. 이렇게 부끄럽고, 쓸데없는 얘기, 남한테 하는 거. 4·3이나 뭐나 남한테 내 얘기를 안 하는데. 부모한테도 이러고, 세상한테도…. 그렇게 좋게 산 기억이 없어요. 너무나 속상하게 살아온 세월이 많으니까는 나만 모자라서 이런가 보다 생각도 들고요. 주위에 친구나 아는 사람들은 처음부

2　서중석, 「역사 앞에 선 제주4·3」, 『제주 4·3 70년: 어둠에서 빛으로』, 제주: 제주4·3평화재단, 2017, 57쪽.

터 부모네를 통해서 잘 사는데…. 내가 어렸을 때 그 상처받은 거, 나이 들어 보니깐 그런지 그것이 한이 되어서 죽어서 영혼으로 떠돌 것 같은 그런 느낌이 들어요. 정말 그때 노무현 대통령이 와서 사과한 거로 영혼들이 그런 걸 다 알아서 편안히 다 눈 감고 다 계실 건가? 할아버지, 할머니, 외삼촌까지 다 돌아가시게 한 4 · 3이, 난 아직도 4 · 3이 왜 일어났는지 납득이 안 가요. 왜 일어났는지.[3]

이 참혹한 사건에 대한 기억과 해석은 좌우 진영의 정치적 논리가 결부되면서 여전히 첨예한 분쟁과 대립의 담론을 일으키고 있다. 예를 들어, 2022년 9월 1일에 개봉된 권순도 감독의 다큐멘터리 영화 〈잔혹했던 1948년 탐라의 봄〉은 보수 기독교 진영의 사뭇 다른 시각을 보여준다. '남로당은 1948년 5월 10일 제헌의원 선거를 방해하고 자유민주주의의 건국을 막음으로써 북한과 공산 통일을 이루려 하였는데, 이 과정에서 공산주의자들이 경찰, 우익인사, 선거위원, 기독교인과 그 가족들을 약탈하고 학살

---

3   제주4 · 3연구소 편, 『그늘 속의 4 · 3: 死, 삶과 기억』, 서울: 선인, 2009, 47쪽. 1942년 출생 강양자 씨는 4 · 3사건에서 외할아버지, 외할머니, 외삼촌의 희생을 경험하고 언덕에서 떨어져 부상을 입었다. 가족 모두는 4 · 3희생자로 인정되었으나, 본인은 부상 사실 확인을 위한 근거 부족으로 '희생자(후유장애자) 불인정'을 통보받았다.

과 방화를 저질렀다'는 주장을 기반으로 한 이야기다. 이 영화를 기획한 제주4·3사건재정립시민연대는 제주 4·3사건이 "경찰과 군인들에 의한 국가폭력이나 무고한 양민들을 학살한 사건으로 왜곡"되고 있다고 비판하며 당시 "남로당을 그대로 두고, 제주도에 이어 남한 땅이 공산화되도록 놔두는 게 맞았느냐"고 반문한다. 이 영화는 남로당에 의해 순교한 이도종(1892-1948)[4] 목사의 생애를 부각하며 기존의 좌편향 시각과 거리를 두는 우로 편향된 입장을 강화한다.[5]

1948년 6월 18일에 순회목회를 하던 중 이도종 목사는 좌익세

---

4   박창건, 「제주 최초 목사이자 순교자 이도종」, 《기독신문》 2019.12.12.
     이도종 목사는 제주 출신 첫 목회자로서 105인 사건으로 제주도에 유배된 남강 이승훈 장로를 통해 기독교를 접했고 금성교회에 출석하였다. 제주선교사 이기풍 목사는 청년 이도종을 평양 숭실학교에 다니도록 주선했고, 1926년 평양신학교를 졸업한 후에 목회자의 사역을 시작하였다. 전북노회에서 목사 안수를 받고 1929년 제주로 귀환하여 서귀포교회, 법환교회, 남원교회, 고산교회, 용수교회, 조수교회, 화순교회 등을 개척하였다. 일제강점기에 마지막 노회장으로 제주노회의 신사참배를 결의한 후에 침체를 경험하고 일제의 제주교회와 목회자들에 대한 소개령으로 귀농생활을 하였다. 해방 후에 조남수 목사의 권면으로 복귀하여 24개 교회를 돌보았다. 1948년 4월 3일 대규모 민중봉기가 일어났고 대규모 학살이 진행되면서 6월 13일 한경면 고산리 자택에서 자전거를 타고 서귀포 화순교회 등 남부교회들로 가던 중에 대정읍 무릉2리 인향동 부근, 고란다리 지역에서 인민무장대에 납치 살해되었다.
5   이대웅, 「제주 4·3 사건 진실 다룬 다큐멘터리 개봉」, 《크리스천투데이》 2022.09.16.

력들에 의해 납치되어 생매장을 당해 순교했다. 그의 일대기를 다룬 김재동 감독의 다큐멘터리 영화 〈제주도 출신 최초 목사 이도종〉은 2021년 10월에 유튜브에 처음 공개되었다. 청년 시절 이도종은 독립운동 자금을 모금하여 상해임시정부를 지원하였다. 그러나 군자금모집 활동이 발각되어 6개월 동안 고문을 당한 후 목회자의 길을 걷게 되었다. "건국과 민주주의" 등 반공강연을 하던 이도종은 순회목회를 가다가 실종되었고 1년 뒤에 잡힌 범인이 자백하면서 사건의 전말이 드러났다.[6]

이 장은 1948년 제주도에서 일어난 4·3사건을 중심으로 분쟁과 종교의 관계에 나타나는 새로운 의미를 분석하고자 한다. 3만 명이 육박하는 희생자가 발생한 한국 역사의 비극에 대한 해석의 차이와 종교의 대응 및 평화의 노력을 함께 살펴볼 것이다.

2. 제주 4·3사건에 대한 기억의 충돌
: 무장폭동 vs. 무장봉기

제주4·3사건에 대한 평가는 정치적 입장에 따라 엇갈리고 있

---

6   이대웅, 「다큐멘터리 '제주도 출신 최초 목사 이도종' 공개」, 《크리스천 투데이》 2021.10.29.

지만, 대체로 국가의 공식적인 입장에서는 민간인 학살에 대한 국가권력의 잘못을 인정하고 적절한 보상과 화해가 이루어지는 방향으로 다양한 노력을 진행하고 있다. 김대중 대통령은 1999년 6월 위령공원 조성을 위한 정부의 지원을 약속했고, 이명박 정부 출범 직후 2008년 3월 28일에 제주4·3평화기념관이 개관하였다. 1999년 12월 16일 '제주4·3사건진상규명 및 희생자명예회복에 관한 특별법'이 국회를 통과했다. 제주4·3특별법 제2조 1항은 '제주4·3사건'을 "1947년 3월 1일을 기점으로 하여 1948년 4월 3일 발생한 소요 사태 및 1954년 9월 21일까지 제주도에서 발생한 무력충돌과 진압 과정에서 주민들이 희생당한 사건"으로 정의하고 있다. 2003년 제주4·3사건을 "국가 공권력에 의한 인권유린"으로 규정하는 정부의 진상보고서가 통과되었다. 민간인 집단학살에 대한 최초의 정부보고서가 채택되자, 노무현 대통령은 "과거 국가권력의 잘못에 대해" 진심 어린 사과와 위로를 전했다. 2005년 1월 27일 노 대통령은 "진실과 화해의 과정을 거쳐 극복하는 모범"으로 평가하며 제주도를 "세계 평화의 섬"으로 지정하였다. 2014년 3월 24일 박근혜 정부는 4·3을 국가추념일로 공식 지정함으로써 정부의 민간인에 대한 집단학살을 반성하고 추모하며 참회하는 시간을 확정했다.[7] 그러나 정작 박 대통령은 그해 열린 추념식에 불참한 점에서 드러나듯이, 4·3 해결의 과정에서 보수 정부 9년은 잃어버린 불통의 암흑기다.[8]

제주 4·3사건에 대한 국가기관의 왜곡 사례도 있다. 1990년과 2000년에 발간된 『제주경찰사』에는 2만 명이 넘는 4·3 사망자수를 "9,345명"으로 축소하고 군인에 학살된 북촌사건을 공비에 의한 것처럼 가해자를 바꾸는 명백한 왜곡이 발견되어 삭제하는 일이 벌어졌다. 2004년 교육부는 "제주 4·3폭동 시 폭도"가 불렀던 적기가(赤旗歌) 확산 차단 공문을 발송하여 물의를 일으켰다. 보수 인사들의 "제주 4·3사건 왜곡을 바로잡기 위한" 사법적 도전도 했는데, 이선교 목사는 2004년 4·3진상조사보고서 과정과 대통령 사과 표명을 비판하며 보고서의 왜곡과 불법성을 조사하고 대통령 사과를 취소하라는 헌법소원을 제기하였지만, 8월 17일 헌법재판소는 각하 결정하였다. 또한 2004년 국방부의 『6.25 전쟁사』에서 제주 4·3을 "무장폭동"으로 명시하고 정부의 4·3 위원회가 발간한 진상보고서를 무시하면서 기존 폭동론과 토벌의 정당성을 답습하였다. 4·3 단체가 문제를 제기하여 수정안에

---

7   서중석, 「역사 앞에 선 제주4·3」, 70-77쪽.
8   김성진, 「윤정부, '4·3완전해결' 길 가려면…」, 《제주의 소리》 2022.07.27.

다음과 같은 문구가 삽입되었다.[9]

> 제주 4·3사건은 광복 이후 정부 수립 과정이 혼란기에 발생하
> 여 제주도민들이 수많은 인적, 물적 피해를 입은 불행한 사건이
> 었다. 당시 미군정과 새로 출범한 정부는 체제가 제대로 갖추어
> 지지 않았고 토벌 작전을 담당한 군경도 훈련과 경험이 부족하
> 여 도민의 피해를 크게 하는 원인이 되었다. 이를 고려하여 정
> 부는 사건 발생 50여 년 만에 인권 신장과 국민 화합에 기여하기
> 위해 4·3특별법을 제정하여 4·3사건의 진상을 규명하고 명예
> 회복 조치를 추진하였다.[10]

서중석은 제주 4·3의 성격을 무장봉기와 항쟁 및 제노사이드,
즉 집단학살로 규정한다. 첫째, 1948년 4월 3일 새벽 2시에 봉화
신호로 시작된 남로당 제주도당의 무장봉기는 경찰, 서북청년회,
대동청년단, 독립촉성국민회를 습격하였고 유혈사태는 1954년 9
월까지 일어났다. 해방 후 경찰과 극우청년단체의 탄압과 횡보가

---

9   양조훈, 「진상조사보고서 왜곡 사건」, 『제주 4·3 70년: 어둠에서 빛으
    로』, 제주: 제주4·3평화재단, 2017, 661-674쪽.
10 국방부군사편찬연구소, 『6.25 전쟁사 1- 전쟁의 배경과 원인』(수정판),
    2004, 450쪽.

봉기의 주된 원인으로 제시되었는데, 1947년 3.1기념 제주도 대회 직후에 경찰의 발포로 6명이 숨지고, 3월 10일 관민 총파업이 일어났다. 이에 육지 경찰이 대대적으로 투입되어 1948년 4·3 직전까지 남로당 제주도위원회 200여 명을 비롯한 2천 500여 명이 검속되었다. 제주 4·3봉기에는 남한의 5.10 단독선거에 대한 민중의 저항과 남로당의 과격노선도 영향을 주었다. 제주도당의 무장대는 미군정의 실정을 공격하면서 통일 독립과 민족의 완전 해방이라는 민족문제를 전면에 내세우고 투쟁하였다.[11]

둘째로, 빈약한 무기를 가지고 싸운 남로당 무장대에 대해 민중의 태도는 적대적이기보다는 공감적이었다. 당시 친일 경찰의 횡포와 미군정의 경제란과 식량난 및 실직 문제가 심각한 상황에서 미국정과 경찰에 대한 민중의 불신이 팽배한 가운데 이승만의 단선(單選) 단정(單政)에 대한 반대운동도 영향을 주었다. 대정면 남로당 조직부장이었던 22세 김달삼은 "민족 자주 독립을 해야 할 때 악질 친일파들이 미제의 주구가 되어 압정을 가하고 있고, 만주나 이북에서 친일 행위를 한 자들이 월남해 반공 애국자 노릇을 하고 있다."고 지적했다. 특히 경찰의 부정부패와 서북청년단의 약탈을 비판하였다. 즉 제주 4·3사건을 "육지인들의 압

---

11 서중석, 앞의 「역사 앞에 선 제주4·3」, 59-63쪽.

제와 횡포, 방화, 학살에 대한 섬사람들의 분노와 울분, 절망"의
결과라고 평가하고 있다. 서북청년단은 이승만 사진과 태극기를
비싼 가격에 강매하고 4·3 이후 매매를 거부한 사람들을 총살
했다. 한편 군경은 300여 개 마을을 태우고 남녀노소를 학살하는
초토화 작전을 펼쳤다. 무고한 주민들이 토벌대와 무장대 사이에
서 생사의 기로에 서 있었다.[12]

셋째로, 제주 4·3사건은 "광기 어린 주민 집단 학살"이었다.
인명피해는 2만 5천 명에서 3만 명으로 추정되며, 제주4·3사건
진상규명 및 희생자 명예회복위원회에 2011년 1월까지 신고 된
인원이 총 1만 4천여 명이다. 2007년까지 제주4·3위원회에서 확
정한 피해자 인원은 1만 3천 564명이고 그중 여자가 21.2%로 나
타났다. 제주도 163개의 마을 가운데 100명 이상 희생된 마을이
44개로 거의 30%에 육박한다. 가해자별로는 토벌대에 의한 희생
자가 84.4%, 무장대에 의한 희생자가 12.3%, 기타 3.3%로 나타났
다. 1948년 10월 19일에 일어난 여순사건이 제주도의 초토화 작
전에 영향을 미쳤다. 고립된 섬에서 해안과 언론을 봉쇄한 후 군
경에 의한 대학살이 자행된 배경에는 이승만 정권을 지탱하던 극
우 친일 세력의 단정 수립운동 세력에 대한 반감, 김구와 김규식

---

12   앞의 글, 63-66쪽.

의 통일독립운동에 대한 민족의 성원 등이 있었다. 미군은 서북청년단의 테러를 방관하였다. 미국 방임의 자세에는 "사상에 문제가 있는 제주도민 전부를 격리시키고 대신 이북에서 월남한 사람들을 보내 제주도민으로 만들겠다"는 이승만 대통령의 의지도 반영되었다.[13]

제20대 대통령 윤석열은 2022년 제74주년 제주 4·3추념식에 참석하여 "4·3의 아픔을 치유하고 상흔을 돌보는 것은 4·3을 기억하는 바로 우리의 책임이며, 화해와 상생, 그리고 미래로 나아가기 위한 대한민국의 몫"이라고 말하며 4·3사건의 희생자들에 대한 명예회복의 지속적인 지원을 약속했다. 윤 대통령은 "무고한 희생자들을 국민과 함께 따뜻하게 보듬고 아픔을 나누는 일은 자유와 인권이라는 보편적 가치를 지향하는 자유민주주의 국가의 당연한 의무"라고 강조하였다.[14] 7월 20일 4·3 관련 최고 의결기구인 4·3중앙위원회 회의를 발족하여 22년 만에 최초로 제주에서 소집하였고, 한덕수 국무총리와 장차관 등 정부 위원들이 제주 4·3평화공원에서 합동 참배를 처음으로 실시했다.[15]

<hr />

13 앞의 글, 67-70쪽.
14 이승록, 「약속 지킨 윤석열 당선인, "제주4·3 아픔 치유는 대한민국의 몫"」, 《제주의 소리》 2022.04.03.
15 김성진, 「윤정부, '4.3 완전해결' 길 가려면…」, 《제주의 소리》 2022.07.27.

2022년 11월 2일부터 제주 4·3보상금이 생존 희생자와 유족에게 순차적으로 전달되기 시작하였다.[16] 제주 4·3사건 희생자 300여 명은 국가로부터 첫 보상금을 받았는데, 1948년 제주4·3사건 발생 후 74년 만의 일이다. 이처럼 국가가 잘못을 공개적으로 인정하고 특별법을 통해 희생자와 유족에게 사망과 행방불명 4·3희생자는 9천만 원을 받고, 후유장애 생존 희생자는 5천만 원에서 9천만 원까지를 받고, 생존 수형인은 3천만 원에서 9천만 원까지 보상받을 예정이다. 2022년 1,810억 원의 예산이 보상금으로 배정되었고 1,000억 원 이상이 집행되었다.[17] 이는 국가폭력에 대한 희생자를 위한 명예회복의 단계를 넘어서 실질적인 보상의 단계로 진전되었다는 점에서 역사적 의의가 크다. 그러나 윤 대통령은 2023년과 2024년에 연이어 제주 4.3사건 추모식에 불참하였다.[18]

16 고원상, 「"이제야 한이 풀어졌다"…제주4·3보상금 통지서 전달 시작」, 《미디어 제주》 2022.11.02.

17 좌동철, 「4·3희생자 300명 국가보상금 첫 지급결정 '74년 만에 한 풀었다'」, 《제주일보》 2022.10.26.

18 조하준, 「윤 올해도 4.3 사건 추모식 불참」, 《GMCC》 2024.04.02.

3. 미군정의 종교정책과 종교탄압

제주 4 · 3사건의 문제가 봉합되고 화해 국면으로 접어들기는
했지만, 제주 밖의 시선은 아직도 차갑다. 따라서 제주 4 · 3사건
을 좀 더 체계적으로 이해하기 위해서는 당시 시대의 정치적 특
수성과 복합성을 파악할 필요가 있다. 미군정 당시 종교계에서
는 우익을 선호하는 정책으로 인해 좌익 세력은 점차 쇠퇴하였
다. 종교별로 살펴볼 때, 대체로 천주교와 대종교는 우익 성향
을 띠었고, 개신교, 불교, 천도교, 유교는 좌우익의 성격을 동시
에 보였다. 천주교는 가장 철저한 반공의식을 지녔고, 북한의 천
주교인들과 개신교인들은 미군정부터 6.25전쟁까지 대거 남하하
여 남한 기독교는 비약적으로 발전하고, 북한 기독교는 거의 소
멸하였다. 기독교는 미군정 아래 '공인된 종교'로서 특별한 대우
를 받았다.[19] 민중과 함께 성장한 개신교는 해방 이후 빠르게 정
치세력과 결탁했다. 1946년 3월 8일 북한(북조선) 김일성의 토지
개혁은 친일파와 개신교인들의 남한 이주를 촉발했고, 한경직(韓
景職, 1902-2000) 목사의 영락교회를 통해 미군정청과 이승만(李承
晚, 1875-1965)은 서북청년회를 경찰에 편입시켰다. 1950년대부터

---

19 강돈구, 「미군정의 종교정책」, 『종교학연구』 12, 1993, 17-26쪽.

1954년까지 미국에서 일어난 공산주의자를 색출하는 매카시즘 (McCarthyism)을 정권의 정체성으로 설정한 이 대통령은 서북청년회의 지지를 얻으며 반공주의의 노선을 걸었다.[20]

> 서북청년단이라는 게 일제 때 지주 노릇 하던 사람들의 자제들이야. 북에 김일성 부대가 들어온 후에 사회주의 국가를 만들었어. 그 과정에 소위 친일파를 민족반역자라고 결정했어. 또 그 가족들이라든지, 반성의 여지가 없다고 해서 결국 처벌하게 되니까 그놈들이 계속해서 내려온 거야. 미군정에서 마침 잘됐다고 해서 서북청년단을 보내가지고 결국 남한에 있는 모든 사회주의 단체, 공산주의 단체에 대한 탄압이 이루어졌고….[21]

1943년 4월 3일 새벽 2시에 한라산 오름마다 봉화가 타오르면서 남로당 제주도위원회의 무장봉기가 시작되었고, 350명의 무장대가 12개 경찰지서와 서북청년회 등 우익단체의 집을 습격하

---

20 장계황, 「한기총을 고발한다」, 『시사Times』 2019.12.31.
21 제주4·3연구소 편, 『그늘 속의 4·3: 死, 삶과 기억』, 서울: 선인, 2009, 65-66쪽. 1916년생 고성화 선생은 조선공산당 우도책임자로 활동하다가 미군정의 탄압으로 부산에서 남로당 활동으로 무기징역을 선고받고 비전향장기수로 21년을 복역하였다.

였다.[22] 해방 이후 벌어진 제주 4·3사건에 대해서 불교계는 서북청년단의 만행을 지적하면서 제주 불교계에 인적 물적 피해를 준 종교탄압 범죄의 진상규명을 요구한다. 불교계는 서북청년단을 "학살 전위대"로 간주하며 "빨갱이를 때려잡는다며 반공투사를 자처한 한반도 서북 지역 지주의 자제들"의 사상적 지도자를 한경직 목사로, 영락교회를 서북청년단의 집결지로 지목하였다.[23] 1948년 5월 11일에 단독정부를 수립하기 위한 선거가 있었고, 이를 위해 이승만 정부와 한 목사가 "공산주의를 괴물로 치부하고, 그들의 괴멸이 곧 종교적 축복이라는 믿음을 서북청년단에게 심어줬다"고 불교계는 주장한다. 북한정권에 의해 고향을 떠났던 서북청년회의 "복수심은 비뚤어진 신앙심과 결부되면서" 제주도민들을 학살했다는 해석이다. 양정심 제주4·3평화재단 연구조사실장에 따르면, "(제주도민들을) 봉기 세력으로 규정하고 학살을 하는데 이 정점에는 이승만 대통령과 우리가 아는 조병옥이나 신생 대한민국 정부의 많은 사람들의 지도부 사람들이 기독교인"이었다. 제주 늘푸른교회 이정훈 목사는 제주불교방송에 출연해 개

---

22 제주4·3평화재단 홈페이지 https://www.jeju43peace.or.kr/ 참조.
23 정진경, 「한경직 목사와 선교」, 조은식 편, 『한경직 목사의 신앙유산』, 서울: 숭실대학교 출판부, 2007, 99-100쪽. 한 목사는 서북청년회를 통해 공산주의를 막고 개신교를 확산하였다.

신교인으로서 공식적 사과의 메시지를 전하였다.[24] 이러한 종교 지도자의 개별적 행동의 대표성 문제를 제기할 수 있겠지만, 기독교계의 공식 사과와 함께 꼭 필요한 체계적 진상조사가 이루어지지는 않고 있다.

변상욱 기자에 따르면, 제주 4·3사건을 진압하는 과정에서 우익 기독청년들이 중심이 된 서북청년단은 돌격대 역할을 하였는데, 미군정에서 선교사들이 자문역을 담당하면서 서북청년단원이 미군에 채용되고 원조 물자의 배분을 독점하였다. 그는, 서울 출신 이승만은 직속에 대동청년단을 만들어 서북청년단을 견제했다고 주장한다. 두 우익 청년단은 이승만의 신임을 얻기 위해 제주 민중을 일종의 희생양으로 한 패권 다툼을 벌인 셈이라고 설명한다. 이러한 반공 이데올로기에 기반을 둔 서울과 평양의 우익청년 세력은 국민방위군, 보도연맹, 6.25전쟁을 걸치면서 친일세력과 결합하여 군경을 장악하고, 민간에선 친미 기독교 우익세력이 정치, 언론, 의료, 복지, 교육 등에서 지배계층으로 자리를 잡게 되어 "오늘 수구 기독교의 기반을 형성"하였다고 진단한다.[25]

24 이병철, 「제주4·3사건 서북청년단 만행은 종교탄압 성격」, 《BBS NEWS》 2022.04.14.
25 이지수, 「4·3 사건 진압한 서북청년단 4·3사건에서 "돌격대 노릇"」,

2018년 4·3항쟁 70주년을 맞이하여 한국교회협의회(KNCC)와 한국기독교교회협의회(NCCK)는 제주 4·3 유족들과 국민에게 "학살에 동참했던 과거를 사죄한 바" 있다. 서북청년단은 1946년 11월 31일 서울 YMCA에서 출범한 단체로서 원래는 '서북청년회'인데 대중에게는 '서북청년단'으로 널리 알려졌고, 해방 후 좌익 세력을 암살하고 테러를 자행하였다. 4·3항쟁에서 토벌군에 참여하여 수많은 민간인을 학살하는 데 주범이 되었다. 1945년 세워진 영락교회의 한경직 목사는 다음과 같은 말을 남겼다.[26]

그때 공산당이 많아서 지방도 혼란하지 않았갔시오. 그때 '서북청년회'라고 우리 영락교회 청년들이 중심되어 조직을 했시오. 그 청년들이 제주도 반란사건을 평정하기도 하고 그랬시오. 그러니까 우리 영락교회 청년들이 미움도 많이 사게 됐지요.

이승만과 미군정의 후원을 받아서 서북청년단은 군경으로 편입되면서 무소불위의 권력을 휘두르며 제주도의 민간인들을 학살했다. 제주 4·3사건에서 기독교와 천주교의 피해는 상대적으로 미미했지만, 불교는 80%의 피해를 본 이유를 "종교에 의한 종

《베리타스》 2018.04.03.
26 이병철, 「이정훈 목사. 4·3당시 집안의 십자가와 성경은 부적 역할… 서북청년단, 반공정신의 맹목성」, 《BBS NEWS》 2022.03.31.

교 탄압의 가능성"으로 설명하기도 한다. 공산주의의 남진을 어떻게든 막아 보려던 한경직 목사는 1947년에 다음과 같은 설교를 하였다.[27]

공산주의야말로 일대 괴물입니다. 이 괴물이 지금 삼천리강산에 횡행하며 삼킬 자를 찾고 있습니다. 이 괴물을 벨 자 누구입니까. 이 사상이야말로 묵시록에 있는 붉은 용입니다.

이정훈 목사에 따르면, 공산주의의 핍박을 받고 월남한 서북청년들은 한 목사의 반공 설교를 통해서 공산주의를 '악마화'하고 공산주의자를 '적'으로 인식한 상황에서 제주 4·3사건에 적극적으로 참여하였기 때문에, 적들을 토벌하고 궤멸하는 일을 "종교적 축복"으로 간주했다. 서북청년단이 공산주의자를 색출하는 과정에서 집안의 십자가와 성경은 생명을 보호하는 부적 역할을 했다고 전해진다.[28]

양정심에 따르면, 미국 유학을 한 이승만 대통령의 기독교 신앙은 반공주의를 강화했고 배타적인 성격을 지니고 있었다.[29] 문

---

27 앞의 글.
28 앞의 글.
29 이종성, 「한국교회와 신학에 미친 영향」, 조은식 편, 『한경진 목사의 신앙유산』, 서울: 숭실대학교 출판부, 2007, 28-29쪽.

명개화의 논리를 따라서 제국주의 국가들은 비기독교인을 "야만적"으로 간주하고 개화의 대상으로 보았다. 제주 4 · 3사건의 경우에 불교의 사찰이 주로 산에 위치하고 있었으므로 피해가 컸던 점도 있지만, 공산주의의 영향 아래 있었던 "빨갱이 섬"에 있는 불교 사찰이라 더 피해가 컸다고 설명할 수 있다. 북한이 공산화되는 과정에서 삶의 터전을 떠났던 황해도와 평양도 출신의 서북청년들이 가졌던 분노과 공포의 마음이 선량한 제주도민을 향한 폭력과 학살로 전이되었던 것이다.[30]

결국, 제주 4 · 3사건은 "한국전쟁의 축소판"이며 우익 토벌대로 활동하던 서북청년단이 이승만 정권과 미군정의 비호 아래 테러와 횡포를 저질러, 당시 제주 인구의 10분의 1인 3만여 명의 희생자를 살해했다는 해석도 가능하다. 그러나 기독교 보수우익 세력은 "해방, 건국, 공산정권과의 전쟁 과정을 기독교 신앙과 연결 지어 하나님이 특별히 한국 기독교를 챙기시니 이렇게 이뤄졌다는 선민주의를 교리처럼 발전"시켰음을 주장한다.[31] 당시 제주 4 · 3사건과 관련된 서북청년단의 만행은 다음과 같이 증언되고

30   이병철, 「양정심 실장 "서북청년단의 북한정권에 분노, 제주도민에 악행으로 화풀이"」,《BBS NEWS》 2022.04.12.
31   민일성, 「변상욱 "제주4 · 3 서북청년단, 선교사 줄타고 미군정에 채용"」,《GO발뉴스》 2018.04.03.

있다.

　(서북청년단은) 사람들을 총으로 쏴 죽이는 게 싱거웠는지 몽둥이로 때려죽였다. 칼이나 창으로 찔러 죽였다. 밟아 죽이고 물에 빠트려 죽였다. 목을 잘라 죽이고 허리도 잘라 죽였다. 폭탄을 터트려 죽이고 차바퀴로 치여 죽였다. 독약을 먹여 죽이고 껍데기를 벗겨 죽였다. 굶겨 죽이고 절벽에서 떨어트려 죽였다. 구덩이를 파게 하고 생매장도 했다. 나무에 목매달아 죽이고 나무에 묶어 놓고 죽였다. 불태워 죽이기도 했다. 굴 입구에 연기를 피워 굴에 피신한 주민들을 질식사시킨 경우도 흔했다. 심지어 아버지와 아들이 서로 뺨을 때리도록 강요했다. 그러다 히히덕거리며 총으로 쏴 죽였다. 여자를 강간한 뒤 죽이는 건 부지기수였다. 여자의 성기에 총구를 꽂기도 했다. 젊은 남녀가 성관계를 맺도록 강요하며 사살하기도 했다. 많은 사람이 보는 자리에서 시아버지와 며느리가 나신으로 성관계를 맺도록 강요한 경우도 있었다. 그러다 낄낄거리며 총으로 난사했다.[32]

　심지어 집단학살의 과정에서 목회자가 희생자의 선별 절차에

32　임혜지,「학살, 고문, 겁탈… 서북청년단 만행은 '신앙'이 받쳐줬다」,《천지일보》 2022.04.01.

관여했다는 믿기 어려운 증언까지 나왔지만, 일부 진보 개신교 진영에서 공개적으로 수차례 사과를 했을 뿐, 다수 보수 개신교의 4.3사건에 대한 분명한 사죄와 반성은 아직 없다.[33]

4. 영화를 통한 증언과 치유 그리고 추모

제주 4 · 3사건에 관한 고통의 기억은 영화를 통해서도 증언의 차원으로 승화되었다. 김동만 감독은 1993년에 첫 4 · 3다큐멘터리 영화 〈다랑쉬의 슬픈 노래〉를 제작하여 다랑쉬굴에 피해 있던 제주도민들에 대한 토벌대의 학살을 영상화하였다. 이어 1995년에 영화 〈잠들지 않는 함성 4 · 3항쟁〉을 제작하여 배포하여 1997년 경찰에 체포되었다. 1심에서는 징역 10월에 집행유예 2년을 선고했지만, 항소심에서는 원심을 파기하고 김동만의 무죄를 선고했다.

한편 조성봉 감독의 다큐멘터리 영화 〈레드 헌트〉(빨갱이 사냥, Red Hunt)가 1997년 9월 제2회 인권영화제에서 상영되었다. 이 영화는 "1947년 3월 1일에 시작된 이 학살 사건은 6년 6개월 동

---

33 앞의 글.

안 계속되었고 사망자가 최소 3만에서 8만에 이르는 엄청난 비극을 초래했다"는 자막이 노인의 얼굴에 비치며 시작된다. 해방부터 1992년에 유골이 발굴된 다랑쉬굴 사건을 다루며 4·3사건의 원인과 과정 및 결과를 피해자 증언과 전문가 인터뷰를 중심으로 분석하였다. 국가보안법 위반으로 인권영화제 집행위원장 서준석이 구속되었지만, 김대중 대통령 취임 직전인 1998년 보석으로 석방되었다. 한국기독교교회협의회는 1997년 12월에 서준석에게 인권상을, 1998년에 미국인권단체는 고난 받는 작가상을 수여했다.[34] 영화를 통한 제주 4·3사건의 기억과 치유는 이후에도 계속되었고, 2013년에 새로운 계기를 맞게 된다.

> 지슬은 닫히고 갇힌 섬 속, 살아남기 위해 움직여야 했던 작은 점(點)들의 이야기다. 거칠었던 삶이 한 점(點)으로 찍히고, 점들의 사연을 모아 이야기 선(線)을 만들었다. 그 선들이 얽히고설켜 아프고 쓰린 역사의 장면(場面)이 되었고, 그 면(面) 그대로 영화 필름에 옮긴 것이 '지슬'이다.[35]

---

34 김종민, 「4·3의 수난시대」, 『제주 4·3 70년: 어둠에서 빛으로』, 제주: 제주4·3평화재단, 2017, 894-901쪽.
35 「뜨거운 감자」, 『문학나무』 2013 가을호.

2013년 3월에 오멸 감독의 영화 〈지슬〉(Ji Seul)이 개봉되었다.[36] 지슬은 감자의 제주어로, 영화에서 감자는 피신한 가족들을 연결해 주는 사랑과 희생의 매개체를 상징한다. 첫 장면은 제기(祭器)들이 엎어져 있고 두 남성이 죽은 여성을 뒤에 두고 과일을 먹는 장면으로 시작된다. 1948년 11월 미군과 한국 정부군은 소개령을 선포한다. "섬 해안선 5킬로미터 밖인 중산간 지역의 모든 사람을 적으로 간주하고 무조건 사살하라"는 명령과 함께 '초토화 작전'이 시작된 것이다. 산의 굴과 구멍에 숨어 있는 주민들은 초토화 작전의 소식을 듣는다. 한 가족의 노인은 몸이 불편해 피신하지 않겠다고 하다가 집 안에서 감자를 쏟는다. 추운 겨울에 투입된 군인은 마을을 점령하였고, 주민은 마을을 떠나 산으로 올라가 동굴에 숨어서 함께 생활한다.

> 하여튼 그 당시에 가만히 아버지 따라 나가 보면 토벌대가 횡대로 일렬로 해서 토벌하러 올라오는데, 올라오는 게 완전히 새카맣게 올라와요. 한 사람만 발각되면 어디어디 있다는 걸 알아서 잡아서 그 자리에서 다 죽여요. 그럴 때 애기가 울고 기침해서

---

36 영화 〈지슬〉은 '끝나지 않은 세월 II'를 부제로 삼고 있으며, 2005년 김경률 감독(1965-2005)의 장편영화 〈끝나지 않은 세월〉의 영감을 받아 제작되었다.

입을 틀어막아 버리면 애기가 죽어 부러. 지금 생각해 보면 그렇게 해서 죽은 아이도 많이 있었을 겁니다.[37]

영화 〈지슬〉은 제주 4·3사건의 망자들을 제사의 순서에 따라서 신위, 신묘, 음복, 소지의 단계로 기리며, 피해자들의 다양한 이야기를 제사의 과정으로 표현한다.

첫째, 제사에서 신위(神位)는 "영혼을 모셔 앉힌다"는 뜻이다. 영화는 "폭도"를 토벌하는 군인과 산에 피신한 주민의 상황을 교차로 보여준다. 김 상사는 추운 겨울 "빨갱이"를 한 명도 잡지 못해 박 일병을 벌거벗겨 벌을 주는 백 상병을 나무라지만, 백 상병은 박 일병에게 물을 뿌린다. 주민들은 밤낮으로 피신하여 동굴에 숨어 있고, 토벌대에서도 죄 없는 사람을 죽여야 하는 군인의 고민이 나타난다. 주정길은 상사의 식사를 챙기고 부하들은 돼지를 통째로 삶아 먹는다. 동굴에 모여서 지내는 피난민의 모습은 순박하고 애잔하다. 심각한 순간에도 원식이 삼촌은 마을에 두고 온 돼지를 걱정하고, 순덕 엄마는 준비한 감자를 주민들과 나누어 먹으며, 순덕과 만철의 연애에 관한 이야기를 나눈다.

---

37 제주4·3연구소 편, 『그늘 속의 4·3: 死, 삶과 기억』, 115. 1933년 출생 김명원 씨는 4·3사건에서 부모님과 여동생을 잃었고, 부모님의 시신은 찾지도 못했다.

둘째, 제사에서 신묘(神廟)는 "영혼이 머무는 곳"을 뜻한다. 총을 든 군인은 벌판에서 짐 보따리를 든 소녀 순덕에게 총을 겨누지만 결국 쏘지 못하는 사이에 순덕은 도망친다. 주민들은 감자를 나누어 먹고, 원식이 삼촌은 마을에 내려가 돼지 밥을 주고 오겠다고 한다. 상사가 끓는 물에 목욕하고 있는 동안에, 주민은 산 곳곳으로 도망친다. 청년들은 순덕을 끌고 가는 군인을 목격하고 쫓아간다. 동수가 백 상병에게 박상덕 일병의 밥을 챙겨도 되냐고 묻자 "폭도"나 잡으라며 폭행한다. "저 여자도 폭도입니까?"라는 박 일병의 물음에 상사는 "빨갱이"라고 답하면서 순덕을 강간하고 정길은 그 옆에서 물을 건넨다. 철모를 쓰고 벌을 받는 20세 청년들은 여자를 쏘지 못한 것을 후회하지만, 그래도 사는 게 낫다고 답한다. 군인들은 폭도의 진위와 상관없이 군인이므로 단지 명령 때문에 참여한다고 말한다. 동수에게 탈영을 제안한 박상덕 일병은 "폭도"의 총에 맞아 죽는다. 마을까지 내려온 청년들과 군인들 사이에 총격이 시작되어 상병은 총을 맞아 죽고, 만철은 잡혀 있던 순덕의 고통을 인지하고 죽인다. 이후 군인들은 마을을 태우며 민간인들을 살육한다.

셋째, 제사에서 음복(飲福)은 "영혼(귀신)이 남긴 음식을 나누어 먹는 것"을 뜻한다. 주민들은 군인을 마주치자 구덩이에 숨지만, 상표는 "말다리"를 자랑하며 가족을 살리기 위해 군인들을 유인한다. 동굴에 극적으로 피한 가족들은 오히려 부상당한 군인을 돌본다. 군인을 죽이라는 만철에게 순덕의 행방을 묻지만, 그는 모른 척한다. 마을 사람들은 돼지를 살피러 마을로 간 원식이 삼촌을 걱정하며 한라산으로 가려 한다. 토벌대와 무장대 사이에서 생명을 부지하려고 애쓰는 주민들의 생존 이야기는 계속된다. 집에 모친을 두고 와 걱정이 많은 무동은 마을로 내려가지만, "빨갱이"에게 어머니를 잃은 군인은 이미 모친을 살해하고 불을 지른다. 살해당한 노인은 감자를 손에 쥐고 죽는데. 불에 타버린 집에 돌아온 무동은 모친의 시신을 발견하고 통곡하며 슬픔 가운데 절을 한다. 모친의 시신 옆에서 불에 탄 감자를 발견한 무동은 굴에서 나와 밤에 바람을 쐰다. 돌아온 무동은 그 감자를 주민들에게 나누어 주지만, 어머니의 죽음을 사람들에게 알리진 않는다.

넷째, 제사에서 소지(燒紙)는 "신위를 태우며 드리는 염원"을 뜻한다. 군인들은 상표를 앞세워 동굴에 숨어 있는 주민들을 찾아서 참혹한 학살을 자행한다. 총을 앞세운 군인의 토벌과 매운 고추를 태우는 주민의 저항이 대비를 이루며, 자욱한 연기가 가득한 동굴에서 "빨갱이" 살육이 진행된다. "죽어 쥐새끼들아"라고 외치며 군인들은 연기가 자욱한 동굴에 난사하지만, 주민들은 다른 동굴 출구로 탈출하여 피신한다. 한편 정길은 상사를 솥에 가두어 삶아 죽이면서, "이제 그만 죽이세요. 잘 가요, 형"이라고 말한다. 총소리와 함께 동굴 안에 아기의 울음만 퍼지고, 신위들이 쓰러져 있는 망자들 옆에서 탄다. 그리고 영화의 마지막에 다음

자막이 올라간다.

당시 제주 북서부 중산간에 위치한 '큰 넓궤'라는 동굴에는 토벌을 피해 온 인근 마을 주민들이 120여 명이 50~60일 동안 숨어 지냈다. 그러나 결국 토벌대에 발각되어, 보초를 서던 마을 청년들의 도움으로 탈출을 하며 위기를 모면하였지만, 한라산 근처에서 대부분이 붙잡히고 만다. 그들 대부분은 1948년 12월 24일 서귀포시 정방폭포에서 총살되어 바다에 버려졌다. 4 · 3 당시 학살된 제주도민은 3만여 명 이상으로 추산되고 있다. 그들 대부분이 국가권력에 의해 억울하게 학살된 민간인들이었다. 대량학살은 미군정(1945~1948)에서 시작되어 대한민국정부 수립 이후까지 1년에 가까운 "초토화 작전"의 시기에 발생했다. 민간인 학살의 배후에는 미군정과 미군 고문관이 있었고, 그들은 오랜 세월이 지난 현재에도 이 학살에 여전히 침묵하고 있다.[38]

영화는 제주4 · 3사건을 '금기와 침묵'(taboo and silence)의 영역에서 '정의와 증언'(justice and witness)의 영역으로 전환하는 승화의 과정을 보여준다. 처음 제주4 · 3사건을 영화로 만들고 배포

---

38   영화 〈지슬〉의 마지막 자막은 영화의 역사적 배경과 정치적 맥락을 설명한다.

하는 과정에서는 정부의 조사와 탄압이 있었지만, 이제는 종교적 상상력이 곁들여져 고통의 기억을 추모와 위령의 문제와 연관하여 대중과 공유하며 '치유와 화해'(healing and reconciliation)의 단계로 나아간다.[39]

막 속상해서 어떤 땐 내가 정말 조금만 배웠더라면 책이라도 쓰고 싶어. 살아온 역사를 아무도 몰라. 바른말 할 사람은 신촌에서도 다 죽어 버리니까 아무도 모르지. 그때 그 시절에 일어난 일에 대해서 바른말 해줄 사람이 없어, 동네에. (중략) 어떻게 해서 4 · 3사건이 일어났다는 것도 몰라. 그저 입에서 소리만 하는 거지. 지금 그런 사람들만 증언하는 거지. 그때 사람들은 다 죽어 버려서 말할 사람도 없어. 우리도 실지 고통 겪은 것만 생각하는 거지. 그때 정말 고통 겪은 사람은 알지만, 그 집안에 우환이 없는 사람은 알 수가 없는 거야.[40]

39 지영임, 「제주4 · 3관련 위령의례의 변화와 종교적 의미」, 『종교연구』 48, 2007, 327-357쪽. 4 · 3위령의례의 변화양상은 "서로 폭력의 행위자의 입장에서 폭력을 정당화하는 구조"를 보인다.
40 제주4 · 3연구소 편, 『그늘 속의 4 · 3: 死, 삶과 기억』, 94-95쪽. 1940년 출생 김낭규 씨는 4 · 3사건 당시 경찰의 감시와 폭력으로 조부모, 부모, 동생을 잃었다.

수많은 희생자와 유족은 증언을 남길 수 없었지만, 생존자들은 구술을 통해 그 당시의 고통과 희생을 남겼다. 영화의 인물들은 이러한 구술 자료를 토대로 제주공동체의 아픔과 상처를 영화의 제작과 유포를 통해 증언하고 치유한다.

5. '분쟁과 고통'의 기억에서 '화해와 평화'의 문화로

종교는 고매한 이상을 가지고 평화와 화해 그리고 용서와 상생의 메시지를 전한다. 그러나 현실 속에서 종교들은 분열과 갈등의 원인이 되며, 심지어 생명과 재산을 앗아 가는 참혹한 폭력성을 나타낸다. 제주 4·3사건 76주기를 맞는 2024년에 진실규명과 명예회복의 과정은 정부의 공적 인정과 경제 지원으로 탄력을 받아 화해와 평화의 분위기를 마련하였다. 그러나 정치와 종교의 영역에서 여전히 큰 해석의 차이를 드러내며 갈등과 분쟁의 소지가 되고 있다. 예를 들어, 서북청년회(서북청년단)의 사례에서 확인되듯이, 개신교의 반공주의는 한때 제주도민을 "악마화"하였고 민간인에 대한 대량살상을 "정당화"한 경험이 있다. 오랜 일제 강점기에서 해방을 맞은 기쁨을 잠시 즐길 겨를도 없이 제주도민들은 새로운 악몽을 경험해야 했다. 조사보고서에 나타난 엄청난 피해의 규모는 물론, 부조리한 사후처리의 역사를 보더라도, 제

주 4·3사건은 돌봄과 나눔을 실천하는 종교공동체들의 활동이 절실히 필요한 상황에서 '치유와 용서'(healing and forgiveness)의 역할을 제대로 감당하지 못한 채, 광기에 사로잡힌 공권력에 의해 저질러진 민간인 학살의 비극적 사례가 되었다.

그러한 고통의 경험과 분쟁의 기억에 대한 용서와 화해 및 평화의 노력은 전방위적으로 진행되고 있지만, 여전히 약자를 향한 사회적 책임을 지닌 종교의 활동 가능성이 여전히 존재한다. 21세기를 살아가는 우리는 이러한 역사적 폭력의 상흔을 치유하기 위한 종교의 사회적 책임과 역할을 어떻게 제시할 수 있을까? 2007년 제주에 올레길 열풍이 불면서, 2012년 6월 제주 기독교 순례길 제1코스를 시작으로 78킬로미터 다섯 코스의 기독교 순례길이 마련되었다. 순종의 길은 순교의 길, 사명의 길, 화해의 길, 은혜의 길로 확대되었고, 이기봉 선교사와 이도종 목사 및 조남수 목사의 활동을 기억하는 공간에 집중되었다. 특히 사후 공덕비까지 세워진 조남수 목사는 "화해자"로서 큰 역할을 한 것으로 평가된다. 좌익의 갈등으로 사람들이 죽는 상황에서 '자수를 권유하는 강연'을 통하여 주민들의 목숨을 기적적으로 구했기 때문이다.[41]

---

41   박창건, "4·3사건과 조남수 목사 공덕비," 『기독신문』 2019.12.18.

21세기에 다문화와 다종교 사회에서 이웃의 종교를 "타자"나 "이단"(異端)으로 몰아가기보다는 이해와 대화를 통한 공존과 상생의 사회를 만들고자 노력해야 한다. 예술, 영화, 관광 등의 문화 콘텐츠를 적극적으로 활용한 제주 4·3사건의 역사와 의미에 대한 창조적인 (재)해석의 다양한 기회들이 지속적으로 제공된다면 지역 간, 세대 간, 이념 간, 종교 간 오해와 갈등의 차이도 좁힐 수 있을 것이다. 한국 사회에서 종교의 긍정적 기여와 함께, 감추어진 부정적 과오에 대한 연구와 평가도 객관적이며 체계적으로 그리고 공감적으로 이루어져야 할 것이다.[42]

---

42   강성호, 『한국기독교의 흑역사』(서울: 짓다, 2016); 김경재 외, 『무례한 복음』(서울: 산책자, 2008).

종교와 평화의 상호 순환을 위하여

이 찬 수

종교에 대한 오해가 적지 않다. 평화에 대해서도 그렇다. 종교는 초자연적 실재(신)를 믿고 그에 의존하는 행위라는 생각이 지배적이다. 평화는 아무 일도 벌어지지 않는 고요한 상태 내지는 전쟁과 같은 물리적 싸움이 끝난 상태 정도로 이해하곤 한다. 그러다 보니 초자연적인 신이라는 것이 어디 있느냐는 비판도 이어지고, 종교가 전쟁 중단과 같은 평화와 무슨 관계가 있느냐 논쟁을 하기도 한다.

하지만 이 책의 본문에 잘 담겨 있듯이, 종교는 그저 아무 일도 없기를 바라며 개인의 내적 편안함을 추구하는 행위만도, 그런 이들의 모임만도 아니다. 평화는 그저 아무 일도 없는 고요한 상태를 의미하지 않는다. 평화는 복잡하게 얽혀 있는 세상에서 원치 않게 벌어지는 온갖 갈등과 상처와 각종 폭력을 줄여 가는 과정이다. 개인의 내적 안녕과 사회, 국가, 세계의 평화는 상호 순환적이며, 개인과 국가와 세계의 평화야말로 종교의 구체적 사명이 아닐 수 없다. 물론 제도화된 종교에 문제가 없는 것은 아니다. 하지만 종교만큼 유기적 공동체를 유지하면서 세계를 바꿀 수 있는 가능성이 큰 집단도 별로 없다. 종교가 개인과 집단 모두를 통해 세계의 평화에 기여할 가능성은 여전하고, 실제로 그럴 수 있어야 한다는 것이 이 책의 주요 내용이다.

이것은 제1장의 제목인 "평화가 종교다"라는 일종의 선언적 명제에서 집약적으로 드러난다. "종교인이 평화를 실천하는 것이 아니라, 평화를 실천하는 이가 종교인이다." 혹은 "종교가 폭력을 줄이는 것이 아니다. 폭력을 줄이는 행위가 종교이다."와 같은 전도된 정의가 평화의 현실을 더 잘 보여준다. 한편에서는 끔찍할 정도로 눈에 보이게, 다른 한편에서는 구조적이고 문화적으로 은밀하게 작동하는 폭력적 현실에서, 그 폭력으로 인한 상처를 치유하고, 자기 입장만을 내세우는 데서 오는 상호 갈등을 축소해가는 행위가 참으로 '종교적' 실천이라는 것이다.

제6장 기타지마 기신(北島義信)의 글에서 소개하는 오가타 마사토(緒方正人) 및 제7장 오바타 분쇼(尾畑文正)의 글에서 소개하는 다카키 겐묘(高木顕明)의 경우는 그 대표적인 사례들이다. 정토진종 신자였던 오가타는 '일본질소비료주식회사'의 미나마타 공장에서 바다로 흘려 버린 유기수은으로 인해 발생한 이른바 미나마타병의 원인 제공자를 일방적으로 비판하는 데 머물지 않고, 기업, 중앙정부, 지자체, 나아가 공장이 확장되면서 마을의 발전

일본 옷카이치시(四日市) 쇼센지(正泉寺)에서 있었던 아시아
종교평화학회 창립학술대회(2023.11.16) 참가자들

효과를 은근히 누렸던 주민들을 포함해 모든 이가 이 폭력적 환
경 문제를 직시하고 반성하자는 운동을 벌였다. 그리고 소기의
성과를 거뒀다. 그것이 중생을 구제하려는 아미타불의 본원(本
願)을 구체화하는 일이라 믿었기 때문이다. 우리의 주제와 관련
해 중요한 지점은 믿음 때문에 평화를 이룬 것이기도 하지만, 무
엇보다 모두의 책임을 인정하는 방식으로 가해자의 책임도 물으
면서 구체적 평화를 가져왔다는 것이다. 그것이 진정한 '종교적'
실천이었다는 것이 이 글의 요지이다.

사회주의자였던 다카키 겐묘의 경우는 그 못지않게 인상적이
다. 침략적 제국주의로 치닫던 메이지 시대에 다카키는 국가에 대
한 반역을 도모했다는, 이른바 '대역죄'의 누명을 쓰고 체포되어
사형선고를 받고는 수감되었다. 그리고 감옥 안에서 스스로 생을

마감했다. 정토진종 신자이자 올곧은 사회주의자였던 그는 생전에 부락민 차별 금지, 공창제 폐지, 전쟁 반대 등에 앞장섰다. 그가 체포되자 교단에서도 그를 추방할 정도로 종교와 국가가 하나였던 엄혹한 시절이었다. 하지만 그의 반전 및 비폭력 운동이 옳았고, 그를 내몰았던 종단과 국가는 틀렸다는 것이 역사가 내린 평가이다. 교단의 승인 여부가 진실을 가리는 기준이 되는 것이 아니라, 그의 신앙의 근간이었던 비차별적 중생 구제에의 실천이 그 자체로 평화의 길이었던 것이다. 오가타나 다카키 모두 폭력적 구조를 폭로하고 상처와 갈등을 줄여 가는 실천 자체가 종교적이고 그만큼 더 평화적이라는 사실을 잘 보여주는 사례들인 것이다. 물론 평화는 상처와 갈등과 같은 부정적 가치를 축소하는 과정이자 동시에 공평과 조화와 같은 긍정적인 가치를 확장시키는 과정이기도 하다. 손서정은 제2장에서 평화를 생명, 정의, 사랑의 가치들이 인간 실존 안에 조화롭게 통합되어 지속적으로 경험되는, 한마디로 '삶을 살리는 과정'이라고 규정한다. 개인과 공동체, 그리고 지구와 생태, 우주적 차원의 생명을 아우르며 '사랑을 품은 정의를 실현하여 서로의 삶을 살리는 균형적인 관계 맺음의 과정'이 평화라는 것이다. 한 마디로 "삶을 살리는 평화"여야 한다는 것이다.

이러한 가치를 확장시키려면 교육의 힘을 빌려야 한다. 차승주는 제4장에서 종교가 전승해 온 심층적 메시지가 한반도에서 평화 문화를 진작시키는 데 적지 않은 통찰을 제공해 줄 것이라면서, 유교와 도가 사상, 불교와 그리스도교의 평화론을 정리한다. 그리고 종교계에서 기울여 온 실질적인 평화 운동의 사례로, 필리핀 민다나오에서의 가톨릭-이슬람 대화 운동, 한국 가톨릭과 불교에서의 통일과 평화 운동을 사례로 거론한다. 그러면서 정의와 사랑, 용서와 화해, 대화와 연대라고 하는 메시지에 입각해, 종교계가 평화 교육의 주체가 되어 주기를 요청한다.

안신은 제8장에서 제주 4.3 사건 전반을 다룬다. 4.3 사건은 일제로부터의 해방 정국에서 사회주의 세력과 보수 우익 세력 간 이념 갈등이 3만 명에 가까운 무고한 제주도민의 살상으로까지 이어진 근대 한국의 비극적 사건이다. 이때 극단적 반공주의 개신교도가 제주도민을 남로당 세력과 엮으면서 무고한 인명을 살상하고 정당화했던 일에서 종교적 폭력성의 사례를 본다. 그와 동시에 이것을 약자를 향한 사회적 책임을 신앙의 영역으로 받아들이며 실천하고 있는 종교인의 경우와 대비시키면서, 종교가 평화에 기여할 수 있는 가능성을 결론으로 제시한다.

물론 세계 곳곳에서 여전히 물리적 폭력이 발생하고 있고 다양한 양상으로 나타나고 있다. 양권석이 제5장에서 정리하고 있듯이, 도처에서 '파시즘'적 경향마저 확인할 수 있다. 양권석에 의하면, 한반도를 포함한 세계 곳곳에서 무언가 희망적이고 긍정적인 공통 기반이 없이, 자본주의는 나르시즘적으로 전개되고 있고, 정치에 대한 불신과 민주주의의 위기가 동전의 양면처럼 커지고 있으며, 자본이 군사주의화하면서 냉전이 새롭게 격화되는 양상을 보여주고 있다. 이러한 분위기에서 종교가 파시즘의 발흥에 동력이 되기도 한다는 것이다. 가령 미국에서 극우 정치와 복음주의 기독교가 결합하고, 한국에서도 친미주의와 반공주의를 핵심으로 하는 극우적 정치가 기독교와 결합하고 있는 것이 대표적인 사례들이다.

그럼에도 불구하고 희망이 없는 것은 아니다. 이 글에서는 "분노와 적의의 연대를 만들어 오는 데 기여한 교리와 신조와 전통과 관습 그리고 신학과 영성을 더욱 철저하게 반성하는 일이 필요하다"면서, 다음과 같이 말한다. 이 책의 결론적 제언이라 해도 좋을 제언이다: 지금은 "종교들이 가지고 있는 정의와 평화를 향한 모든 정신적 자산들을 함께 모아서 위기와 만나야 하는 때"이며, "종교들에는 위기를 절망과 종말의 때로 받아들이는 것이 아니라 새로운 질서를 잉태하는 순간으로 변화시켜 낼 수 있는 소중한 영적 지혜와 자원들"이 있다. "이러한 자원들이 대중들과 만나서 평화를 위한 희망의 연대를 만들어갈 수 있는 길을 찾기 위해서 할 수 있는 모든 노력을 다 해야 할 때다."

이런 주장은 데라바야시 오사무가 제3장에서 세계의 저명 사회학자들을 중심으로 세속화 현상을 재해석하면서 종교가 오늘의 현실에서도 공공성과 세계시민주의에 기여할 가능성이 있다고 말하는 것과 통한다. 데라바야시는 이렇게 말한다: "대문자 종교가 아니라 소문자 종교, 제도나 조직의 종교가 아니라 개개인의 신앙심에 의한 종교, 즉 종교의 본래 모습을 되찾는 것이야말로 종교가 세계 평화에 공헌할 수 있는 가능성을 내포한다. 매우 어려운 상황이지만 위기의식이 있다면 그것은 희망"이기도 하다는 것이다.

'들어가는 말'에서 이미 이 책의 요지와 의미를 정리했지만, '나가는 말'을 빌려 다시 한 번 이 책의 주요 내용을 되새겨 보았다. '아시아종교평화학회'는 이러한 희망을 견지하면서 종교가 평화 구축의 동력이 될 수 있도록 하기 위한 다양한 연구자들의 연대체이다. 종교의 보편적이고 평화적인 이상을 사회, 국가, 인류의 질서에 어울리게 적용시키기 위한 학문적 시도에서 보람을 느끼는 이들이 여럿 모여 있다. 이 단행본도 그 노력의 결실이다.

이 책을 만드는 데 여러 분의 노고가 들어 있다. 회장이신 기타지마 기신 선생님의 열정과 헌신이 없었다면 이 학회는 출범도 못했을 것이고, 이 책도 나올 수 없었을 것이다. 깊은 감사를 드린다. 그리고 번거로운 교정과 편집을 맡아주신 김구 선생님, 일본어를 한국어로, 한국어를 일본어로 번역하느라 애써주신 이서현, 이길주, 가미야마 미나코 선생님, 한국인이 쓴 일본어를 교정해주신 니시오카 마사유키 선생님, 귀중한 학회의 선·후배 동지, 그리고 늘 양서를 출판하시는 일본의 사회평론사(社會評論社), 종교와 평화 운동의 문화적 확산에 기여하는 한국의 도서출판 모시는사람들에 깊은 감사를 드린다.

평화가 종교다 _이찬수

김홍중. 『마음의 사회학』. 문학동네, 2009.

김홍수. 『한국전쟁과 기복 신앙 확산 연구』. 한국기독교역사연구소, 1999.

니버, 라인홀드. 『도덕적 인간과 비도덕적 사회』, 이한우 옮김. 문예출판사, 2017.

드 소쉬르, 페르디낭. 『일반 언어학 강의』, 최승언 옮김. 민음사, 2019.

루만, 니클라스. 『사회적 체계들: 일반이론의 개요』, 이철 외 옮김. 한길사, 2020.

링컨, 부르스. 『거룩한 테러』, 김윤성 옮김. 돌베개, 2005.

벡, 울리히. 『자기만의 신』, 홍찬숙 옮김. 길, 2013.

샌델, 마이클. 『정의란 무엇인가』, 김명철 옮김. 와이즈베리, 2014.

스미스, 윌프레드 캔트웰. 『종교의 의미와 목적』, 길희성 옮김. 분도출판사, 1991.

이문영 편. 『폭력이란 무엇인가』. 아카넷, 2015.

이삼성. 『한반도의 전쟁과 평화』. 한길사, 2018.

이찬수. 『평화와 평화들: 평화다원주의와 평화인문학』. 모시는사람들, 2016.

이찬수 · 김성철 편. 『재난과 평화』. 아카넷, 2015.

이찬수 외. 『평화의 신학』. 동연, 2019.

평화와 신학. 『전쟁 넘어 평화: 탈냉전의 신학적 인문학』. 인터하우스, 2023.

칸트, 임마누엘. 『영원한 평화』, 백종현 옮김. 아카넷, 2013.

삶을 살리는 평화 _손서정

김기수. "아리스토텔레스의 '실천적 지혜'와 교육의 실제." 『교육철학』 17, 1997.

김병곤. "유럽 지성사와 평화 인식의 기원." 『한독사회과학논총』 30(4), 2020.

김상근. "'안정적 평화' 개념과 한반도 적용 가능성." 『한국정치학회보』 49(1), 2015.

김명현. "레오 13세와 비오 11세의 노동에 대한 가르침." 『가톨릭신학』 14, 2009.

교황청 가톨릭교육성. "교육의 현재와 미래: 쇄신의 열정(교황청 가톨릭교육성 국제대회 최종 성명)"(2015. 11. 21. 로마 카스텔간돌포), 『가톨릭 교회의 가르침』 54.

교황청 성직자성, 한국 천주교 주교회의 교리교육위원회. "교리교육 총지침." 한국천주교중앙협의회, 1997.

교황청 정의평화평의회, 한국 천주교 주교회의, 한국천주교중앙협의회. 『간추린 사회 교리』, 2판. 한국천주교중앙협의회, 2018.

박일영. "평화실현을 위한 종교의 역할-가톨릭의 수행을 중심으로." 『종교교육학연구』 28, 2008.

_____. "평화교육을 위한 종교의 과제-가톨릭 종교교육의 새로운 비전을 염두에 두고." 『종교교육학연구』 48, 2015.

백종현. "영원한 평화를 위한 칸트의 철학적 기획." 『임마누엘 칸트, 영원한 평화』, 아카넷, 2013.

손서정. "민족·화해·일치 칼럼." 《가톨릭신문》 2017.11.05(제3068호), 22면.

손서정, 최준규. "'삶을 살리는' 평화교육 모형 연구." 『글로벌교육연구』 13(3), 2021.

최준규. "가톨릭계 학교의 종교교육: 개념, 목적, 방법." 『종교교육학연구』 21, 2005.

하영선, 최상용, 문정인, 김석근, 하영선, 김명섭, 헬드 외. 『21세기 평화학』. 풀빛, 2002.

Boulding, Kenneth E. Stable Peace. University of Texas Press, 1978.

Elias, J. L. "Education for Peace and Justice." Journal of Catholic Education 9(2)(2005).

Groome, T. H. 『신앙은 지속될 수 있을까?』(Will There Be Faith?), 조영관, 김경이, 임숙희 역. 가톨릭대학교 출판부, 2014.

_____. 『생명을 위한 교육』, 조영관, 김경이, 우정원 역. 가톨릭대학교 출판부, 2021.

John XXIII. P. "Pacem in Terris Peace on Earth: Encyclical Letter of Pope John XXIII." America Press, 1963.

LEONIS XIII, 한국천주교주교회의, 한국천주교중앙협의회. 『Rerum Novarum』. 1891.

Reardon, B. 『Comprehensive Peace Education』. 강순원. 살림터, 2021.

Sandel, M. J. Justice. Farrar, Straus and Giroux, 2010.

World Synod of Catholic Bishops. "Justice in the World." 1971.chrome-extension://efaidnbmnnnibpcajpcglclefindmkaj/https://omiusajpic.org/wp-content/uploads/2011/12/JUSTICE-IN-THE-WORLD_Donal-Dorr_Nov2011_Eng.pdf.

종교의 평화사상이 한반도 평화교육에 주는 함의 _ 차승주

권정안. "유학에서 풍요와 평화의 의미." 『한문고전연구』 30, 2015.

김국현. 『통일교육의 새로운 패러다임』. 인간사랑, 2004.

김몽은. "평화에 관한 근대 가톨릭 교회의 가르침." 서울평화교육센터 편, 『평화, 평화교육의 종교적 이해』, 내일을여는책, 1995.

김병서, 박성용. "필리핀의 정치적 종교 갈등과 평화모색." 유네스코 아 · 태국제이해교육원, 『아시아의 종교분쟁과 평화』, 오름, 2005.

김상인. "새로운 복음화를 위한 방안 연구-콜롬비아 SINE를 중심으로." 『누리와 말씀』 41, 2017.

박선영. "불교와 평화교육." 서울평화교육센터 편, 『평화, 평화교육의 종교적
　　이해』, 내일을여는책, 1995.

박정우. "가톨릭교회의 평화론과 그리스도인의 실천." 평화나눔연구소 엮음,
　　『가톨릭교회 평화론과 평화 사상』, 서울: 천주교 서울대교구 민족화해
　　위원회 평화나눔연구소, 2018.

박충구. 『종교의 두 얼굴: 평화와 폭력』, 홍성사, 2013.

서보혁, 강혁민. 『평화개념 연구』, 모시는사람들, 2022.

유석성. "평화와 복음의 기쁨", 『(가톨릭)신학과 사상』 73, 2014.

이동준. "유교의 인도 정신과 평화사상." 서울평화교육센터 편, 『평화, 평화교
　　육의 종교적 이해』, 내일을여는책, 1995.

장승희. 『유교와 도덕교육의 만남』. 제주대학교 출판부, 2014.

차승주. "종교의 평화사상이 한반도 평화교육에 주는 함의." 『인문사회 21』
　　13(4), 2022.

최종석. 『불교의 종교학적 이해』, 민족사, 2017.

황경훈. "아시아의 평화와 종교 간 대화: FABC의 대화노력을 중심으로." 『신
　　학전망』 189, 2015.

대한불교조계종 민족공동체추진본부 홈페이지
　　http://www.reunion.unikorea.or.kr

이정훈. "SINE, 하느님 사랑으로 이끄는 길잡이." 『가톨릭평화신문』 2015.02.08.
　　https://www.cpbc.co.kr/CMS/newspaper/view_body.
　　php?cid=553568&path=201502

천주교 서울대교구 민족화해위원회 홈페이지
　　http://www.caminjok.or.kr/main.php

강돈구. "미군정의 종교정책." 『종교학연구』 12, 1993.

고원상. ""이제야 한이 풀어졌다"…제주4 · 3보상금 통지서 전달 시작." 『미디어 제주』 2022.11.02.

국방부군사편찬연구소. 『6.25 전쟁사 1- 전쟁의 배경과 원인』, 수정판, 2004.

김성진. "윤정부, '4.4완전해결' 길 가려면…" 『제주의 소리』 2022.07.27.

김종민. "4 · 3의 수난시대." 『제주 4 · 3 70년: 어둠에서 빛으로』. 제주: 제주 4 · 3평화재단, 2017.

민일성. "변상욱 "제주4 · 3 서북청년단, 선교사 줄타고 미군정에 채용." 『GO 발뉴스』 2018.04.03.

박창건. "제주 최초 목사이자 순교자 이도종." 《기독신문》 2019.12.12.

박창건. "4 · 3사건과 조남수 목사 공덕비." 《기독신문》 2019.12.18.

보네트, 엘리스테어. 『장소의 재발견』. 박중서 옮김. 책읽는수요일, 2015.

서중석. "역사 앞에 선 제주4 · 3." 『제주 4 · 3 70년: 어둠에서 빛으로』. 제주 4 · 3평화재단, 2017.

안신. "제주4 · 3사건과 종교 그리고 평화." 『평화와 종교』 14, 2022.

이대웅. "제주 4 · 3 사건 진실 다룬 다큐멘터리 개봉." 『크리스천투데이』 2022.09.16.

이병철. "양정심 실장 "서북청년단의 북한정권에 분노, 제주도민에 악행으로 화풀이." 『BBS NEWS』 2022.04.12.

이승록. "약속지킨 윤석열 당선인 "제주4 · 3 아픔 치유는 대한민국의 몫." 『제주의 소리』 2022.04.03.

이종성. "한국교회와 신학에 미친 영향." 조은식 편, 『한경진 목사의 신앙유산』, 숭실대학교 출판부, 2007.

이지수. "4 · 3 사건 진압한 서북청년단 4 · 3사건에서 '돌격대 노릇'." 『베리타스』 2018.04.03.

임혜지. "학살, 고문, 검탈… 서북청년단 만행은 '신앙'이 받쳐줬다." 『천지일보』2022.04.01.

장계황. "한기총을 고발한다." 『시사Times』 2019.12.31.

정진경. "한경진 목사와 선교." 조은식 편, 『한경진 목사의 신앙유산』, 숭실대
　　학교출판부, 2007.

제주4·3연구소 편. 『그늘 속의 4·3: 사. 삶과 기억』. 선인, 2009.

조하준. "윤 올해도 4.3 사건 추모식 불참." 『GMCC』 2024.04.02.

좌동철. "4·3희생자 300명 국가보상금 첫 지급결정 '74년만에 한 풀었다'."
　　《제주일보》 2022.10.26.

지영임. "제주4·3관련 위령의례의 변화와 종교적 의미." 『종교연구』 48, 2007.